企业管理必备制度与实操

全流程制度范本与高频表单

靳祥钰 著

中国法制出版社
CHINA LEGAL PUBLISHING HOUSE

PREFACE

前言

现代企业的竞争，说到底就是管理方法的竞争。企业管理是一门科学，其最终目标就是使企业的运作效率大大增强，并树立积极健康向上的企业形象，同时还能规范企业制度，充分激发员工潜能，满足客户的需要。

一个企业要想做大做强，有效的管理是必不可少的行为和方法。从各大企业多年的实践经验可以看出，使用健全的管理方式来管理企业，对企业规范生产、提高竞争力有很大的成效。

换言之，制度化的管理模式就是未来企业的发展方向。本书正是吸收与总结了几种管理模式，并且从企业创办、股权管理、人力资源、会议活动、团队建设、财务税务、客户公关、合同管理、后勤管理等方面深入浅出，力求穷尽企业管理过程中所涉及的方方面面。

很多企业人都会问，企业到底是什么？为什么有人财力、物力丰厚，却做不出一个强大优秀的企业？为什么有人做了很多年的企业，却依旧对企业的概念非常模糊？

究其原因，就是因为他们不懂得对企业进行管理。企业就像一个完整的系统，这个系统有两个根本的任务：营利和管理。

通过本书的讲解，读者会发现管理能为企业实现的三个目标：首先，理清企业管理的根基与要害。其次，掌握让企业提高竞争力的方法。最后，学会一套企业管理的基本方法，为企业和员工的共同发展造福。

为了能让读者对企业管理有更好的了解，本书简单明了地介绍了当前企业中普遍存在的问题，同时穿插大量案例与图示，给出解决案例中问题的方法，让读者能对企业管理中遇到的问题做到“有则改之，无则加勉”。由于地方政策的差异性，书中所列举的解决方法并不能完全适用读者碰到的难题，读者可以在书中大致思路的引导下，结合地方政策进行因地制宜的企业管理。

总体来说，本书主要有以下三大特点。

首先，本书内容丰富全面，深入浅出，极大地涵盖了企业管理各个模块常见的问题与解决方法。

其次，本书将企业管理的理论性与实用性相结合，不但对企业管理的各个板块进行梳理，还使用了大量术语与术语解读，为从业者与创业人员准备了大量的实用工具。

最后，本书配以大量图示与表格，用直观、简洁的方式展现给读者企业管理的方法。读者只需根据自身企业的实际情况，对本书所提供的表格、模板稍加修改即可使用。

希望读者能在本书中有所收获，也让企业的管理工作更上一层楼。

CONTENTS
目录

07 Chapter 7 企业客户和公关管理

Chapter 8 企业合同管理 08

Enterprise Management and Practice

Chapter 1

企业创办与组织机构

第一节 | 企业创办登记

一、企业创办手续和流程

刘某是一位刚毕业的大学生，毕业后，他打算回家乡的小城市创办一个小型公司。当他去工商局注册时，工商局人员告诉他，需要到当地政府设立的经济园区注册，只有没有经济园区的城市，才需要到工商局办理。

刘某从工商局出来后，又马不停蹄地奔赴经济园区。经济园区的工作人员让刘某拿了一份企业（字号）名称预先核准申请表，填写公司的名称。刘某想了很多名称，并从中选择了几个比较满意的，上报给经济园区。经济园区的相关人员拿到名字后，告诉刘某一周之后出结果。

一周之后，刘某得到通知后来到了经济园区。经济园区的工作人员看了一眼两手空空的刘某，说道："请把门口指示牌上所列出的材料拿全再来。"

当刘某将所需材料全部备齐，把手续办好后。经济园区工作人员告诉他，接下来需要办理税务登记。

两个月后，刘某看着公司的营业执照不由得苦笑："看来，在公司创办初期，就应该聘请一位专业的企业管理人员啊！"

现如今，国家越来越提倡人们自主创业，并为创业者们提供了宽松有序的创业环境。虽然创业环境宽松了，但想要创办一家企业也并不那么容易，有不少创业者都会在创办公司的初期感到一头雾水，甚至焦头烂额。

那么，创办一家公司都需要什么手续呢？其具体流程又是怎样的呢？

首先，我们来看工商局（经济园区）的流程。

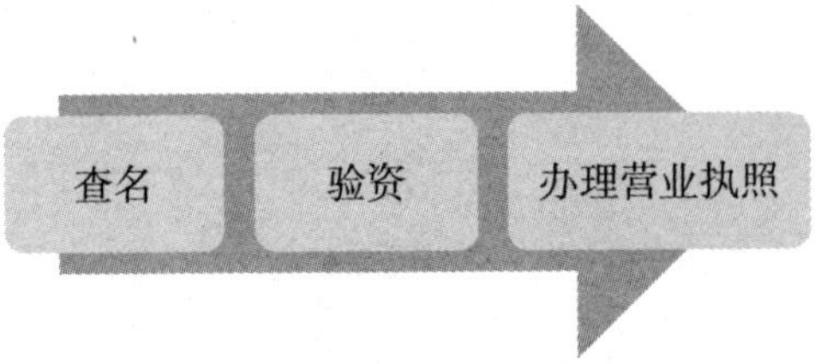

1. 查名阶段：查名需要一周左右。创办者去往当地工商局（经济园区）领取一张“企业（字号）名称预先核准申请表”，将事先取好的公司名称填写在表上，并交由工商局进行网上检索，查看是否有重名。如果没有重名，则对创办者核发一张“企业（字号）名称预先核准通知书”。

在此阶段，所需的材料大致有：

①全部投资人的身份证复印件，如果投资人是公司，则需要公司的营业执照复印件；

②注册资金的额度，以及全部投资人的投资额度；

③在查明阶段，最好提供 5 个以上的公司名称，并且填写公司的大概经营范围。

2. 验资阶段：验资阶段是即办即完的阶段。创办者凭工商局（经济园区）核发的查名核准单，以及银行“询证函”，到银行办理注册资金进账手续。手续办理完毕后，创办者到银行领取投资人缴款单及对账单，随后交由会计事务所办理验资报告。

3. 办理营业执照：办理营业执照约需 2 周时间。

在此阶段，所需的材料大致有：

①公司申请登记的委托书；

②公司董事长或执行董事签署的《公司设立登记申请书》；

③股东会、监事会和董事会的决议；

④章程；

⑤由股东或发起人的“法人资格证明”或“自然人身份证明”；

⑥董事、监事、经理、董事长或者董事的任职证明；

⑦董事、监事、经理的身份证复印件；

⑧验资报告；

⑨住所使用证明（租房协议、产权证）；

⑩公司的经营范围中，属于法律法规规定必须报经审批的项目，需提交部门的批准文件。

其次，我们来看税务局流程。

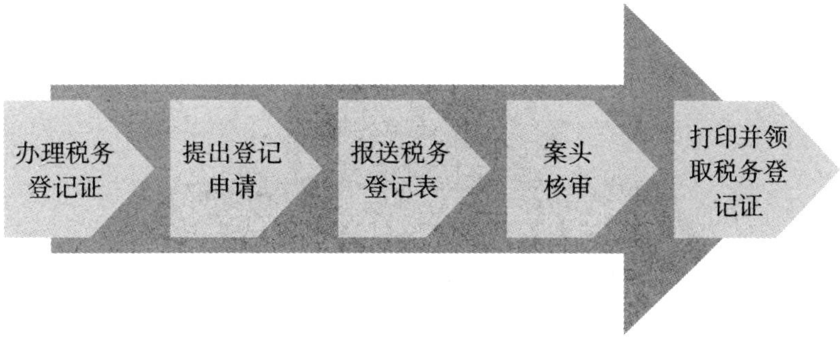

1. 办理税务登记证：办理税务登记证需要 2 周时间。

在此阶段，所需的材料大致有：

①《企业法人营业执照》原件及复印件各一份；

②《组织机构统一代码证》原件及复印件各一份；

③《验资报告》原件及复印件各一份；

④企业章程、协议书、可行性研究报告或合同书择其一，带原件及复印件各一份；

⑤法定代表人、财务负责人及办税人员的《居民身份证》原件及复印件各一份；

⑥经营地的房产权或使用权或租赁证明（加贴印花税）原件、复印件各一份；

2. 提出登记申请：创办者需领取税务登记表及其他附表，并根据实际情况填写相关内容。

3. 报送税务登记表：需审查税务登记表及提供有关文件和证件。

4. 案头核审并审批。

5. 打印税务登记证并领取税务登记证。

最后，创办者应在税务注册完毕后需要注意以下事项：

①到税务所进行税种登记时，需要确定所办公司的性质。其中，贸易型公司的税率为 4%、生产型公司的税率为 6%、服务型公司的税率为 5% 等；

②到税务所进行税种核定时，需要确定所办公司所得税的征收方式；

③到税务所进行购买发票申请时，需要确定所办公司购买发票的种类。

企业创办看似烦琐，但只要你遵循企业创办流程，并准备好相应的手续文件，就能让自己在创办企业时胸有成竹、事半功倍。

二、企业的种类

吴某在上海工作几年后，手里攒了些积蓄，于是萌生了自己创办一家公司的想法。她跟朋友商量了一番后，决定合伙开个咖啡公司。

一番调查后，吴某的朋友发现就算自己的积蓄加上吴某的积蓄也无法把公司开起来。

思虑再三，吴某决定“招聘股东”。她通过将咖啡馆股份卖出的方式，按照出资人的出资数量进行股份分配。最终，吴某以 50 万元的出资成功拿到公司一半的股份，吴某的朋友则以 10 万元入股，拿百分之十的股份，其余人则按照各自出资的百分比成为股东。

经过登记后，吴某创办的咖啡有限责任公司正式成立了。

我国的企业种类大致有两个确定标准：学理标准与法定标准。

学理标准，指的是学者们根据企业的客观情况，以及企业的法定标准和理论分类所制定的解释与分类。学理标准的分类，在法律上并不具备约束性与强制性，但关于学理标准的解释，却对企业法的制定与实施有指导与参考作用。

法定标准，指的是企业根据企业法确认与划分企业类型的标准。法定的企业种类具有法律的约束力和强制性，由于企业的类型各不相同，因此，法律对不同种类企业所规定的具体内容，以及程序上的要求等都有很大差别。

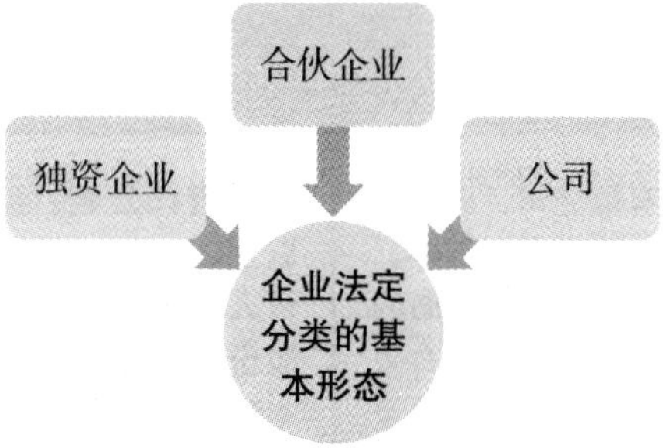

我国根据已颁布的《中华人民共和国公司法》（以下简称《公司法》）、《中华人民共和国合伙企业法》和《中华人民共和国独资企业法》，对企业法定分类的基本形态做了三种分类，分别是：独资企业、合伙企业和公司。

这三种企业的划分因素，主要是出于企业在法律上的地位、企业的责任形式和企业的资本构成这三点考虑。

我国主要按照企业的所有制形式来安排企业立法，并划分企业类型。此外，我国还能按照经济类型的不同，对企业进行基本的分类。

根据相关法律规定，我国企业立法的模式也按照经济类型安排。我国目前有国有企业（国有经济）、集体所有制企业（集体所有制经济）、私营企业（私营经济）、股份制企业（股份制经济）、外商投资及港澳台企业（涉外经济）等。

国有企业指的是由国家出资兴办，且企业全部财产归国家所有的企业。在我国，国有企业的范围包括各级国家机关、事业单位及使用国有资产投资的企业。同时，国有企业也包括以上企业所投资的分企业，以及那些国家不再核拨经费，或核发部分经费的事业单位等。

集体所有制企业指的是在一定范围内，由劳动群众出资创办的企业。集体所

案例中，张悬在法务人员的一番讲解之后，总算明白自己想办理的是子公司，而并非分公司。然而，企业的分公司虽然不是一个独立的法律主体，但是它仍然有很多好处。

那么，我们应该如何成立一家分公司呢？

首先，成立分公司需要法人同意。在成立一家分公司前，需要先取得公司法定代表人的同意，同时签署同意书。在日后工商登记时会用到这份同意书。

其次，在法人同意后，需要拟定公司章程。成立分公司需要召开股东大会，在获得股东同意后才能实施。股东需要修改公司章程，并将其列入其中，待工商局备查。

再次，成立分公司需要设立地址，并去工商局登记。在公司法人和股东同意成立分公司，并修改章程后，需要设立一个经营地址，作为以后的办公场地。在这一些完备后，就可以去工商局进行登记了。在登记后的 30 日内，分公司就可以获得营业执照。

最后，在分公司获得工商营业执照后，需要刻公章、财务章、合同章等，刻章完毕，即可去银行开户，并等待登记发照。

以上就是成立分公司的程序。虽然列出来简单，但在实际操作过程中，也可能碰到很多问题。因此，办理者需要留出足够的时间进行准备，不能操之过急。

在办理分公司成立手续时，每个地区也存在一些差异，办理者可在办理前咨询当地的工商局。但总体来说，分公司设立时应提交以下材料：

1. 由总公司法定代表人签署的《分公司设立登记申请书》，这份申请书需要由公司加盖公章。

2. 由公司签署的《指定代表或者共同委托代理人的证明》，这份证明需要由公司加盖公章，同时需要有指定代表或委托代理人本人签字的身份证复印件，上面需要标注具体的委托事项、被委托人的权限及委托期限。

3. 由总公司法定代表人签署的公司章程。

4. 公司营业执照副本的复印件。

5. 分公司营业场所使用证明。该证明需要提交自有房产产权证复印件。若未取得房产证的，则提交由房地产管理部门所开出的证明，或提供购房合同及房屋销售许可证复印件。若无自有房产，则提供租赁房屋租赁协议原件，以及出租方的房产证复印件。当出租方为宾馆、饭店的，则需提交宾馆、饭店的营业执照复印件。

6. 需提交总公司开具的分公司负责人任职文件及其身份证复印件。

7. 如果分公司在申请登记的经营范围中，存在法律、行政法规及国务院决定的，规定必须在登记前报经批准的项目，则需要向相关单位提交有关批准文件或许可证书复印件或许可证明，且分公司的经营范围不允许超出总公司的经营范围。

8. 分公司需要准备总公司营业执照副本的复印件。设立分公司时报经批准的，需要向相关单位提交有关的批准文件或许可证书复印件。

虽然分公司的创办内容烦琐，但只要按照顺序依次将所需材料、证明提前开具，就能让办理分公司创立手续时事半功倍。

第二节 丨 企业组织机构管理

一、公司章程

刘文家有个桃园，他看桃子的销量并不算好，于是打算延伸产业链条，开一家专门做桃罐头、桃肉干等食品的食品有限公司。

公司筹备得差不多了，刘文准备给公司上执照。这时候，法务告诉刘文："刘总，咱们若想开食品公司，首先要制定一个公司章程。且不说这是登记需要，更是一个公司组织和活动的宪章啊。"

刘文点了点头，让法务列了一个样本出来。

刘文 ××食品有限公司章程

第一章　总则

第一条　为规范公司的组织和行为，维护公司、股东和债权人的合法权益，根据《中华人民共和国公司法》（以下简称《公司法》）和有关法律、法规规定，结合公司的实际情况，特制定本章程。

第二条　公司名称：刘文 ××食品有限公司。

第三条　公司住所：A 市 HG 区泰山路 666 号。

第四条　公司在 A 市 HG 区（泰山）市场监督管理局登记注册，公司经营期限为长期。

第五条　公司为有限责任公司。实行独立核算、自主经营、自负盈亏。股东以其认缴的出资额为限对公司承担责任，公司以其全部资产对公司的债务承担责任。

第六条 公司坚决遵守国家法律、法规及本章程规定，维护国家利益和社会公共利益，接受政府有关部门监督。

第七条 本公司章程对公司、股东、董事、监事、高级管理人员均具有约束力。

第八条 本章程由全体股东共同订立，在公司注册后生效。

第二章 公司的经营范围

第九条 本公司经营范围为：

经营范围一：桃罐头、盐津桃条、桃肉干等桃子加工品；

经营范围二：桃汁等饮品。

第三章 公司注册资本

第十条 本公司认缴注册资本为 100 万元。

公司章程，指的是公司按照法律规定所制定的公司名称、经营范围、公司地址、经营管理制度等重大事项的基本文件。同时也是公司必备的，管理公司组织及活动的基本书面文件。

公司章程与《公司法》一样，都负责调整公司的组织与活动，是公司行为的基本准则。恰如例子中所说，公司章程不论对公司的成立，还是对公司的运营都具有十分重要的意义。可以说，公司章程是公司成立的基础，更是公司得以在竞争社会中生存的灵魂。

出于这点考虑，公司的股东与发起人在制定公司章程时，必须思虑周全。要让公司上下按照章程办事，不能朝令夕改，也不能有歧义。

公司章程代表了股东的共同意志，也表明了公司在组织活动时的基本准则。可以说，公司章程就是公司的宪章，因此，公司章程具有法定性、真实性、自治性与公开性等基本特征。

公司章程的法定性，主要强调了公司章程在法律上的地位，以及主要内容、修改程序和效力都是由法律强制规定的，任何公司不得违反。公司设立的必备条件之一就是公司章程，不管是设立有限责任公司也好，还是成立股份有限公司也罢，都必须经由全体股东订立公司章程，且必须在公司设立登记的时候，向公司登记机关提交登记。

公司章程的真实性强调了公司章程所记载的内容，必须与实际相符。

公司章程的自治性主要体现在三个方面。首先，公司章程作为规范行为的标准，并非由国家制定，而是由公司自行制定的。其次，公司章程是由公司自己制定并执行的规定，不需要国家强制实施。最后，公司章程只作用于公司相关人员，不具有普遍的约束力。

公司章程的公开性主要针对股份有限公司。公司章程的内容需对投资人公开，也要对公司的债权人，以及一般社会公众公开。

根据我国《公司法》有关规定，股份有限公司的章程有12项之多，这也体现了我国对股份有限公司的严格控制。规定内容有：监事会的组成、职权、任期和议事规则；公司设立方式；公司股份总数、每股金额和注册资本；公司法定代表人；发起人的姓名或名称和认购的股份数；公司经营范围；股东的权利和义务；董事会的组成、职权、任期和议事规则；公司的解散事由与清算办法；公司利润分配办法；公司的通知和公告办法；公司名称和住所；股东大会认为需要记载的其他事项。

根据《企业法人登记管理条例实施细则》的有关规定，公司法人章程的内容应当符合法律法规，同时需要载明下列事项：名称和住所；劳动用工制度；注册资金数额及其来源；经营范围和经营方式；宗旨；章程修改程序；终止程序；组织机构及其职权；法定代表人产生的程序和职权范围；财务管理制度和利润分配形式；经济性质；其他事项。

除此之外，联营企业的公司章程还应表明组织管理机构的产生、形式、职权及其决策程序；参加和退出的条件、程序；联合各方出资方式、数额和投资期限；联合各方成员的权利和义务和主要负责人任期；等等。

根据相关规定，公司如有下列情形之一的，即应修改章程：

（一）《公司法》或有关法律、行政法规修改后，章程规定的事项与修改后的法律、行政法规的规定相抵触；

（二）公司的情况发生变化，与章程记载的事项不一致；

（三）股东大会决定修改章程。

根据我国《公司法》规定，公司章程的修改程序如下：

1. 公司章程需由公司董事会决议，并提出章程修改草案后再行修改；

2. 公司章程需由股东会对章程修改条款进行表决。有限责任公司修改公司章程时，必须有不少于三分之二的股东表决通过；股份有限公司修改章程时，必须有不少于三分之二且出席股东大会的股东表决通过；

3. 公司章程的修改，在涉及某些需要审批的部分时，需要交由政府主管机关批准；

4. 公司章程的修改涉及需要登记事项的，报公司登记机关核准，办理变更登记；未涉及登记事项，送公司登记机关备案；

5. 公司章程的修改涉及需要公告事项的，应依法进行公告；

6. 公司章程在修改时，需要向相关单位提交“股东会决议”和“章程修正案”，如果涉及登记事项，则必须有公司法人签章才能变更。

二、企业会议制度

马总最近有件头疼的事，那就是每次召开会议，高管们总是准备得不够充分，不是少了某个文件，就是表达的内容不够准确。开会本来是件严肃的事情，结果弄得像市场买菜一般。

正当马总一筹莫展，不知道怎么规范会议时，新来的秘书小曹给他提了个建议：“马总，咱们公司应该制定一份会议制度，不管是高管还是员工，都严格按

附录：企业创办工作基本表单

企业名称预先核准申请书

□企业设立名称预先核准			
申请企业名称			
备选企业字号	1.		
	2.		
	3.		
企业住所地	________省（市/自治区）________市（地区/盟/自治州） ________县（自治县/旗/自治旗/市/区）		
注册资本（金）	________万元	企业类型	
经营范围			
投资人	名称或姓名		证照号码

<table>
<tr><td colspan="4">□已核准名称项目调整（投资人除外）</td></tr>
<tr><td>已核准名称</td><td></td><td>通知书文号</td><td></td></tr>
<tr><td>拟调整项目</td><td>原申请内容</td><td colspan="2">拟调整内容</td></tr>
<tr><td></td><td></td><td colspan="2"></td></tr>
<tr><td></td><td></td><td colspan="2"></td></tr>
<tr><td></td><td></td><td colspan="2"></td></tr>
<tr><td></td><td></td><td colspan="2"></td></tr>
<tr><td colspan="4">□已核准名称延期</td></tr>
<tr><td>已核准名称</td><td></td><td>通知书文号</td><td></td></tr>
<tr><td>原有效期</td><td></td><td>有效期延至</td><td>年 月 日</td></tr>
</table>

<table>
<tr><td colspan="6">指定代表或者共同委托代理人</td></tr>
<tr><td>具体经办人姓名</td><td></td><td>身份证件号码</td><td></td><td>联系电话</td><td></td></tr>
<tr><td>授权期限</td><td colspan="5">自 年 月 日至 年 月 日</td></tr>
<tr><td>授权权限</td><td colspan="5">1. □同意 □不同意 核对登记材料中的复印件并签署核对意见；
2. □同意 □不同意 修改有关表格的填写错误；
3. □同意 □不同意 领取《企业名称预先核准通知书》。</td></tr>
</table>

（指定代表或委托代理人、具体经办人身份证件复印件粘贴处）

申请人 签字或盖章	年 月 日

企业名称预先核准申请书填写说明

注： 以下“说明”供填写申请书参照使用，无须向登记机关提供。

1. 本申请书适用于所有内资企业的名称预先核准申请、名称项目调整（投资人除外）、名称延期申请等。

2. 向登记机关提交的申请书只填写与本次申请有关的栏目。

3. 申请人应根据《企业名称登记管理规定》和《企业名称登记管理实施办法》有关规定申请企业名称预先核准，所提供信息应真实、合法、有效。

4. “企业类型”栏应根据以下具体类型选择填写：有限责任公司、股份有限公司、分公司、非公司企业法人、营业单位、企业非法人分支机构、个人独资企业、合伙企业。

5. “经营范围”栏只需填写与企业名称行业表述相一致的主要业务项目，应参照《国民经济行业分类》国家标准及有关规定填写。

6. 申请企业设立名称预先核准、对已核准企业名称项目进行调整或延长有效期限的，申请人为全体投资人。其中，自然人投资的由本人签字，非自然人投资的加盖公章。

7. 在原核准名称不变的情况下，可以对已核准名称项目进行调整，如住所、注册资本（金）等，变更投资人项目的除外。

8.《企业名称预先核准通知书》的延期应当在有效期期满前一个月内申请办理，申请延期时应交回《企业名称预先核准通知书》原件。投资人有正当理由，可以申请《企业名称预先核准通知书》有效期延期6个月，经延期的《企业名称预先核准通知书》不得再次申请延期。

9. 指定代表或委托代理人、具体经办人应在粘贴的身份证件复印件上用黑色钢笔或签字笔签字确认“与原件一致”。

10. “投资人”项及“已核准名称项目调整（投资人除外）”项可加行续写或附页续写。

11. 申请人提交的申请书应当使用A4型纸。依本表打印生成的，使用黑色钢笔或签字笔签署；手工填写的，使用黑色钢笔或签字笔工整填写、签署。

企业名称预先核准通知书

根据《企业名称登记管理规定》《企业名称登记管理实施办法》有关规定，同意预先核准下列个投资人出资，注册资本（金）______万元（人民币），住所设在______的企业名称为：

行业及行业代码：

投资人信息：

名称或姓名	证照号码

以上预先核准的企业名称保留期至____年____月____日。在保留期内，企业名称不得用于经营活动，不得转让。

核准日期：　　年　　月　　日　　　　　　（印章）

登记机关备案：

本通知书从国家工商总局企业登记网上注册申请业务系统下载打印。落款登记机关的名称与登记业务专用章上的登记机关名称一致的有效，不一致的无效（登记机关名称已经变更、登记业务专用章尚未作相应变更的，视为一致）。

登记机关：（名称）（印章）　　　　打印日期：　　年　　月　　日

注：1. 预先核准的企业名称有效期从核准之日起计算。通知书规定的有效期满未到企业登记机关完成设立登记的，自动失效。有正当理由，需延长预先核准名称有效期的，申请人应在有效期满前 1 个月内申请延期。有效期延长时间不超过 6 个月。

2. 名称预先核准时不审查投资人资格和企业设立条件，投资人资格和企业设立条件在企业登记时审查。申请人不得以企业名称已核为由抗辩企业登记机关对投资人资格和企业设立条件的审查。企业登记机关也不得以企业名称已核为由不予审查就准予企业登记。

3. 企业设立登记时，申请人应当将此通知书提交企业登记机关。企业登记机关应将本通知书归入企业登记档案。企业登记机关应当在核准企业设立登记之日起 30 日内，通过国家工商总局企业登记网上注册申请业务系统进行企业名称登记备案。

企业名称核准通知书领取签收单

企业名称		
通知书核准文号		
指定代表或委托代理人或者经办人信息	证件种类	
	证件号码	
	移动电话	
另行委托领取人信息	证件种类	
	证件号码	
	移动电话	
领取人签字：		
		年　月　日

注：企业名称核准通知书应当由指定代表或者共同委托代理人持本人有效身份证件领取。指定代表或者共同委托代理人发生变化，或者因故不能领取的，可以由申请人或者指定代表或者共同委托代理人另行委托他人持本人有效证件领取。另行委托需另行填写《指定代表或者共同委托代理人授权委托书》(可从国家工商行政管理总局网站“表格下载”栏目下载)。

企业（集团）名称变更核准申请书

原企业（企业集团）名称	企业名称			
	集团名称		集团简称	
拟变更名称	企业名称			
	集团名称		集团简称	
备选名称	企业名称			
	集团名称		集团简称	

续表

住所					
注册资本（金）	万元	币种（外资）		企业类型	
经营范围					
投资人姓名或名称	证照号码	国别（地区）（外资）	出资额（万元）（外资）	币种（外资）	出资比例（外资）

指定代表或者共同委托代理人

指定代表或委托代理人/经办人姓名		移动电话	
授权期限	自　年　月　日至　年　月　日		

授权权限 1. □同意 □不同意 核对登记材料中的复印件并签署核对意见；
2. □同意 □不同意 修改有关表格的填写错误；
3. □同意 □不同意 领取《企业名称变更核准通知书》。

（指定代表或委托代理人、具体经办人身份证件复印件粘贴处）

申请人签字/盖章	年　月　日

企业（集团）名称变更核准申请书填写说明

注：以下“说明”供填写申请书参照使用，无须向登记机关提供。

1. 本申请书适用于内资企业、外资企业名称变更申请，新设集团名称及简称申请，集团名称及简称变更申请。

2. 向登记机关提交的申请书只填写与本次申请有关的栏目。

3. 申请人应根据《企业名称登记管理规定》《企业名称登记管理实施办法》和《企业集团登记管理暂行规定》有关规定申请企业（集团）名称变更核准，所提供信息应真实、合法、有效。

4. “企业类型”栏应按照营业执照登记的企业类型填写。

5. “经营范围”栏只需填写与拟变更企业名称行业表述相一致的主要业务项目，应参照《国民经济行业分类》国家标准及有关规定填写。

6. “投资人姓名或名称”栏可加行续写或附页续写。“国别（地区）”“出资额”“币种”“出资比例”外商投资企业填写，内资企业可以不填。

7. 申请企业名称变更核准，申请人为原企业。“申请人签字 / 盖章”由申请变更企业加盖公章、法定代表人签字。

8. 指定代表或委托代理人、具体经办人应在粘贴的身份证件复印件上用黑色钢笔或签字笔签字确认“与原件一致”。

9. 申请人提交的申请书应当使用 A4 型纸。依本表打印生成的，使用黑色钢笔或签字笔签署；手工填写的，使用黑色钢笔或签字笔工整填写、签署。

公司设立登记申请书

名称			
名称预先核准通知书文号		联系电话	
住所		邮政编码	
法定代表人姓名		职务	

续表

注册资本	（万元）	公司类型	
实收资本	（万元）	设立方式	
经营范围	许可经营项目： 一般经营项目：		
营业期限	长期 / 年	申请副本数量	个

本公司依照《公司法》《公司登记管理条例》设立，提交材料真实有效。谨此对真实性承担责任。

法定代表人签字：

年 月 日

注：1. 手工填写表格和签字请使用黑色或蓝黑色钢笔、毛笔或签字笔，请勿使用圆珠笔。

2. 公司类型应当填写“有限责任公司”或“股份有限公司”。其中，国有独资公司应当填写“有限责任公司（国有独资）”；一人有限责任公司应当注明“有限责任公司（自然人独资）”或“有限责任公司（法人独资）”。

3. 股份有限公司应在“设立方式”栏选择填写“发起设立”或者“募集设立”。

4. 营业期限：请选择“长期”或者“××年”。

公司股东（发起人）出资信息

股东（发起人）名称或姓名	证件名称及号码	认缴			持股比例（%）	实缴			备注
		出资额（万元）	出资方式	出资时间		出资额（万元）	出资方式	出资时间	

注：1. 根据公司章程的规定及实际出资情况填写，本页填写不下的可以附纸填写。

2.“备注”栏填写下述字母：A. 企业法人；B. 社会团体法人；C. 事业法人；D. 国务院、地方人民政府；E. 自然人；F. 外商投资企业；G：其他。

3. 出资方式填写：货币、实物、知识产权、土地使用权、其他。

董事、监事、经理信息

姓名

职务

身份证件号码:

（身份证件复印件粘贴处）

姓名

职务

身份证件号码:

（身份证件复印件粘贴处）

姓名

职务

身份证件号码:

（身份证件复印件粘贴处）

法定代表人信息

姓名		联系电话	
职务		任免机构	
身份证件类型			
身份证件号码			

（身份证件复印件粘贴处）

法定代表人签字：

年　月　日

以上法定代表人信息真实有效，身份证件与原件一致，符合《公司法》《企业法人法定代表人登记管理规定》关于法定代表人任职资格的有关规定，谨此对真实性承担责任。

（盖章或者签字）

年　月　日

注：依照《公司法》、公司章程的规定程序，出资人、股东会确定法定代表人的，由二分之一以上出资人、股东签署；董事会确定法定代表人的，由二分之一以上董事签署。

Enterprise Management and Practice

Chapter 2

企业股权管理

通过案例，我们不难看出大部分创业团队的股权分配问题：合伙人在出资后不负责任，他们对未来继续参与发展的问题没有过多的考虑。而股权管理也只有进入机制，很少有调整机制和退出机制。

因此，创业公司的股权设计，应把重心放在第一个亟待解决的大问题上——股权怎么分？

就拿案例来说，如果创业公司的三个合伙人，分别负责的是内容、技术、销售，而大家的资历又差不多（这是绝大多数创业公司的标准班子），这个时候应该如何分配股权？

对于公司来说，技术研发属于较长的过程。销售则不同，它能在公司初创时就带来资源，可这个资源效应的时间很短。内容职能则介于两者中间。

因此，公司的股权分配应该按照这三种职能的各自特点与综合效应进行合理配置。

企业股权结构通常有以下三种模型。

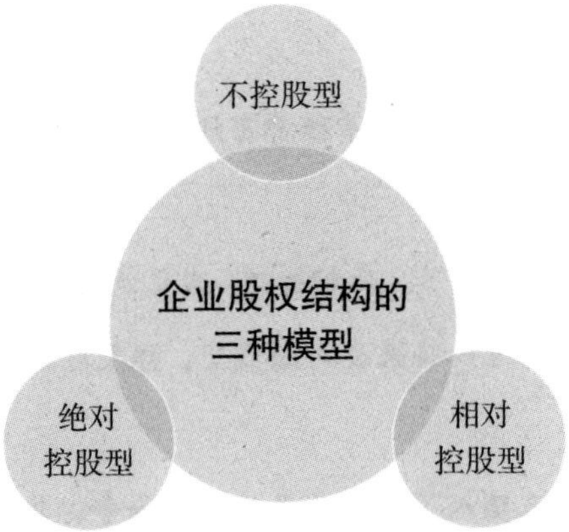

第一，绝对控股型。

绝对控股型的典型分配方式是创始人占 67% 左右的股权，剩余合伙人共同占约 18% 的股权，预留团队占约 15% 的股权。这种模式适合创始人投钱最多，且能力最强的情况。

第二，相对控股型。

相对控股型的典型分配方式是由创始人约占51%的股权，剩余合伙人共同占约34%的股权，员工预留约15%的股权。在这种模型下，增资、解散、更新章程等事情，需要进行集体决策。

第三，不控股型。

不控股型的典型分配方式为创始人约占34%的股权，剩余合伙人共同占有约51%的股权，激励股权约占15%。这种模型适合老板有些优势，但每个合伙人的能力都很强的情况，所以合伙人的股权就会相对平均一些。

这三种模型中很重要的一点就是没把投资人的股份算到里面。

预留投资者的股份其实是个不小的问题。如果创始人留出20%的股权给后面的投资者，那投资者从公司买到的股份就是“老股”。

从法律关系上讲，这种关系是投资者跟创业者个人股份之间的关系，而不是跟公司之间的关系。也就是说，这笔钱进不了公司账户，不是公司融资。

一旦创始人卖出“老股”，投资者又给出很高的溢价，那创始人就会面临一笔巨大的税款。因此，创始人不要从一开始就给投资者预留股份，可以等进来之后大家共同稀释。

二、企业股权如何退

如今，大部分创业公司已有这样的共识，那就是设置一个激励机制。但是事实上，公司设立的大部分激励机制都无法取得良好效果。其原因就是公司最后总要走上两条路：要么上市，要么被收购。

然而，这两条路对大部分创业公司来说都不太可能发生。但如果不设置一个合理的退出机制，就会让创业公司无法适应频繁的人员更迭情况。

制定科学的退出机制，有利于解决上一节案例中郑某的离职问题。

以下是三点关于退出机制的建议。

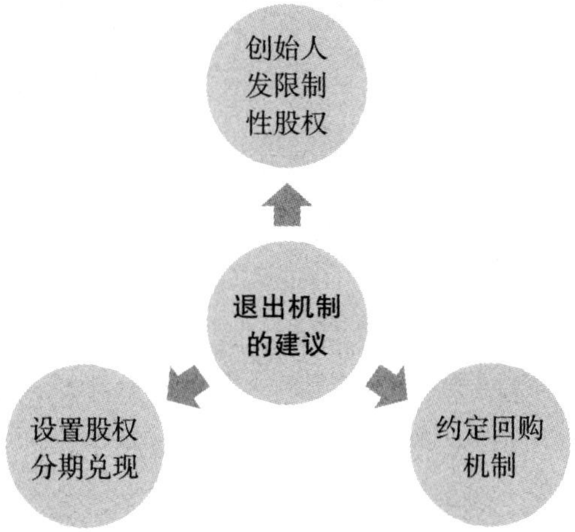

首先，创始人发限制性股权。

简单来讲，限制性股权是股权的一种，可以直接到工商局登记办理；限制性股权有权利限制，这种权利限制可以在四年内兑现；在中途离职的情况下，公司可以用一个事先约定的价格，对股权进行回购，这也是限制性股权的优势。

可以说，限制性股权的限制和优势就在于：支持分期兑现，公司能够回购。

不管融资与否，也不管上市与否，公司都需要套用限制性股权。举个案例，某创始合伙人在创业初期只出资四五万元，却得到 20% 的股份。等公司干了半年后，发现做到了几千万元甚至上亿元。那么，谁都不希望看到这位原始股东，只凭当初的一点贡献，就拿走公司的一大笔钱。因此，限制性股权是十分必要的。

其次，设置股权分期兑现。

股权的分期兑现有以下四种方式：

第一，制定四年的约定，每年兑现四分之一。

第二，任职满两年，兑现二分之一，三年兑现四分之三，四年兑现全部。这也是为了预防员工的短期投机行为，小米公司的员工股权激励制度就是采用了这种模式。

第三，逐年增加。如第一年 10%、第二年 20%、第三年 30%、第四年 40%……也就是说，员工在公司干的时间越长，到手的股权就越多。

第四，干满一年即可兑现四分之一，剩下的则在三年内，按月兑现。这便是以干满一年为前提，每到一个月就兑现一点，算得更加清楚。

这四种方式对不同的团队有不同的导向作用，各个公司可根据实际情况进行选择。

最后，约定回购机制。

股份约定回购机制的关键，在于回购价格是多少。有的公司从一开始就彼此约定，如果合伙人离职，双方就按照事先商量的价格进行回购。这里有以下几种方式：

第一，参照原本购买价格的溢价。

举个案例，某人最初花了 10 万元购买了 10% 的股份，若其股份翻了两三倍，那就一定得溢价。

第二，参照公司的净资产。

比如某合伙人，到公司干到第三年或第四年时，公司的资产已经有一个亿了。这时候，如果要求按照合伙人最初购买股份的价格来溢价，那合伙人这几年都白干了。因此，对于这类重资产企业，可参照净资产来定。

回购的概念等同于买断，相当于将对方未来十几年的财富都断掉了。因此，为了追求相对公平，还是需要有一点溢价的。

第三，参照公司最近一轮融资估值的折扣价。

回购为什么要打折呢？基于几个考虑：本着公平的原则，公司的资本原本就是投资公司的未来。估值是对未来公司价值的估算，是可变的，并不代表持股人离职时公司就是这个价值；从公司的现金流角度考虑，如果完全按照公司估值，公司的现金流压力就会很大；从公司团队的角度看，这是引导员工长期留任的导向。

第四，做好预期管理。

退出机制如何落地，首先要在公司的理念层面与员工达成共识。在共识达成后，再谈具体的规则。

所有合伙人要实行同一套标准，只有公司规则真正被所有人认可，才能心平气和地谈论股权问题。

第二节 | 企业股权转让

一、股权转让的含义及效力

股权转让，指的是公司股东按照法律规定，把自己的股东权益有偿转让给他人，同时让他人取得股权的民事法律行为。

可以说，股权转让是股东行使股权最常见也是最普遍的方式。我国《公司法》规定，股东有权利通过法定方式，将其出资的部分或全部进行转让。股权自由的转让制度，也是现代公司制度最为成功的表现之一。

随着国有企业的改革以及《公司法》的实施，股权转让变成企业资源优化配置、募集资本及产权流动重组的重要形式，由此引发的纠纷也是公司在诉讼中最常见的纠纷。其中，以股权转让合同的效力问题最为困难。

要知道，股权转让协议是当事人将转让股权为目的，以期达成出让方交付股权并收取价金、受让方支付价金得到股权的意思。

股权转让是一种“物权变动”行为。在股权转让后，股东基于股东地位而对公司所发生的权利义务关系全部同时移转于受让人，受让人因此成为公司的股东，取得股东权。

根据《中华人民共和国合同法》(以下简称《合同法》)有关规定：股权转让合同从成立起即生效。可股权转让合同生效并不代表股权转让生效。

股权转让合同的生效，指的是对合同当事人产生的法律约束力问题。股权转让的生效，指的是股权何时发生转移，也就是说，受让方何时能取得股东的身份问题。

这需要在工商管理部门进行相应的股东变更后，才能让该股权转让协议的受让一方获得股东身份。

二、企业股权转让合同

股权转让合同，又被称为“股权转让协议”，指的是股权转让方与股权受让方签订的契约。这份契约约定了股权转让中双方各自的权利、义务关系。

由于股权转让是一项比较复杂的法律行为，其涉及的法律关系也很多，为了避免转让方和受让方产生不必要的纠纷，通常都会签署一份书面的股权转让合同。

这份股权转让合同可以明确双方的权利与义务，在股权转让中具有极其重要的意义。

有的地方要求，股权转让协议必须要去公证或鉴证，之后才能作为办理工商登记变更的依据。虽然法律对股权转让合同应当具备哪些内容并没有一个明确的规定。但在实践中，一般应当具备以下六项条款：

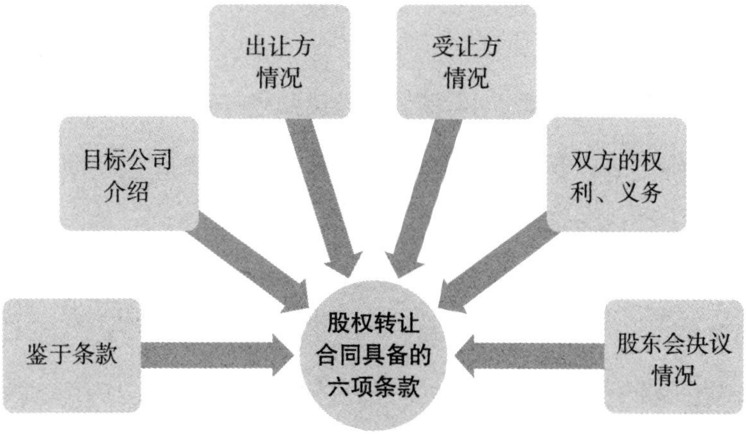

1. 鉴于条款

通常情况下，这是用来描述股权转让双方的当事人意见、法律主体资格、合同标和股权转让背景的。

2. 目标公司介绍

目标公司介绍包括当前的公司名称、营业执照的签发日期、注册资本、经营范围、股东名称及住所地等。

3. 出让方情况

股权转让需要通过出让方的持股数量及所占比例，来决定转让的股份与权益内容。

4. 受让方情况

受让股份的决议与授权决定应真实、合法，无行业限制与法律禁止性规定。

5. 双方的权利义务

转让协议必须明确以下几点：目标公司的依法设立、转让价款支付、是否放弃有限购买权、合法存续、其他股东意愿、股权结构、相互交接协作、股份出让方持股、工商登记变更以及转让意愿等内容。

6. 股东会决议情况

即目标公司的股东会决议，转让方股东需征求其他股东的意见，其他股东也需要对出让方转让股权的意见做出表现。

除非公司章程另有规定，否则，股权转让并不需要股东大会进行决议。

根据我国《公司法》规定：有限责任公司的股东向股东以外的人转让股权，应当就其股权转让事项书面通知其他股东征求同意。经股东同意转让的股权，在同等条件下，其他股东有优先购买权。

一般来说，为了保障其他股东的优先购买权，都会以召开股东会的方式，就股权转让事宜以及其他股东是否行使优先购买权进行通知和确认。在确认后，再行进行相关的股东会决议。

有限责任公司股东之间的股权转让并不需受股东优先购买权的限制。当然，为了后续各类事宜，各方还是会选择召开股东大会这形式来履行必要的通知义务。

三、股权转让效力及判断

根据我国的《合同法》中的有关规定：依法成立的合同，自成立时生效。法律、行政法规规定应当办理批准、登记等手续生效的，依照其规定生效。当事人对合同的效力可以约定附条件。附生效条件的合同，自条件成就时生效。

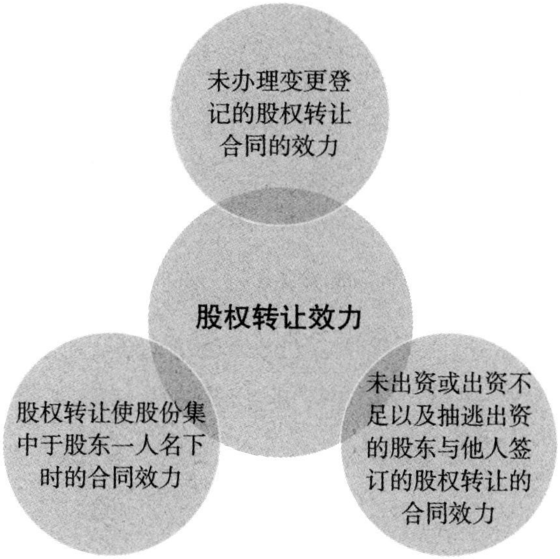

通常情况下，合同成立和生效是同时发生的。也就是说，如果签订合同的当事人表示意思一致，并签订合同时，那合同就产生效用了。可是，若股权的转让合同有特殊约定，或者有法定生效条件时，则必须等生效条件完成时，才能产生法律效力。

法律规定，股权转让合同需要在批准手续办理完成后方能生效。其主要限于中外合作、中外合资、公司中的国有股权转让与外商投资的有限公司股权转让。

比如，中外合资经营企业的股权的转让，就必须经过“合营各方”的同意。“合营各方同意”指的是该种股权的转让合同的法定生效条件。

现有法律并没有股权转让合同必须在办理登记手续后方能生效的规定。由此可见，登记并非合同生效的重要条件。

股东名册变更登记或工商变更登记是对已经发生的股权转让事实的确认，在股权转让合同生效并履行后才可进行。

股权转让合同无效的一般认定原则，指的是股权转让合同的签订不能违反法律法规的强制性规定。股权转让合同的签订要遵守我国《公司法》程序上的相关要求。

有限公司的股东向股东之外的人转让其出资时，必须在股东大会上征求半数以上的股东同意，不同意其出资转让的股东，需要将其转让的出资购买下来；如果不购买其转让的出资，则视为同意转让。

关于未支付出资的股东，出资不到位的股东，我国《公司法》有相关规定，其应承担的责任为补足出资，以及向已经足额出资的股东承担违约责任。故而，未出资的股东转让股权并不是绝对无效的。

《公司法》有关规定：股东在依法转让出资后，公司应注销原股东的出资证明书，并且对新股东签发出资证明书。同时，公司还需修改公司章程以及股东名册中与股东及其出资额相关的记载。对公司章程的该项修改，不需要再由股东会进行表决。

关于记名股票的转让，需要由公司把受让人或名称住所记载在股东名册上。工商变更登记并非股权转让合同生效的法定要件，只要股权转让合同没有违反相关法律法规，就具有法律效力。

附录：企业股权管理基本表单

公司股权分配协议书

为适应社会主义市场经济的要求，依据《中华人民共和国公司法》（以下简称《公司法》）及其他有关法律、行政法规的规定，由四方出资设立有限公司，特于____年____月制定并签署本章程。本章程如与国家法律法规相抵触的，以国家法律法规为准。

第一章　公司名称和住所

第一条　公司名称：

第二条　公司住所：

第二章　公司经营范围

第三条　公司经营范围：

第三章　公司注册资本

第四条　公司注册资本：人民币____万元

公司增加或减少注册资本，必须召开股东会并由全体股东通过并做出决议。公司减少注册资本，还应当自做出决议之日起十日内通知债权人，并于三十日内在报纸上至少公告三次。公司变更注册资本应依法向登记机关办理变更登记手续。

第四章　股东的名称、出资方式、出资额

第五条　股东的名称、出资方式及出资额如下：

股东名称：出资额____万元，占注册资本的____%出资方式；

股东名称：出资额____万元，占注册资本的____%出资方式；

股东名称：出资额____万元，占注册资本的____%出资方式；

股东名称：出资额____万元，占注册资本的____%出资方式。

第六条 公司成立后，应向股东签发出资证明书。

第五章 股东的权利和义务

第七条 股东享有如下权利：

（1）参加或推选代表参加股东会并根据其出资份额享有表决权；

（2）了解公司经营状况和财务状况；

（3）选举和被选举为董事或监事；

（4）依照法律法规和公司章程的规定获取股利并转让；

（5）优先购买其他股东转让的出资；

（6）优先购买公司新增的注册资本；

（7）公司终止后，依法分得公司的剩余财产；

（8）有权查阅股东会会议记录和公司财务报告。

第八条 股东承担以下义务：

（1）遵守公司章程；

（2）按期缴纳所认缴的出资；

（3）依其所认缴的出资额（股份比例）承担公司的债务；

（4）在公司办理登记注册手续后，股东不得抽回投资（备注：所有股东在签署该协议日起一年半内无特殊情况下不得退股，否则所持股份将自动贬值为当下股值的60%被公司收回，由股东会管理）。

第六章 股东转让出资的条件

第九条 股东之间可以相互转让部分出资。

第十条 股东转让出资由股东会讨论通过。股东向股东以外的人转让其出资时，必须经全体股东过半数同意；不同意转让的股东应当购买该转让的出资，如果不购买该转让的出资，视为同意转让。

第十一条 股东依法转让其出资后，由公司将受让人的名称、住所以及受让的出资额记载于股东名册。

第七章 公司的机构及其产生办法、职权、议事规则

第十二条 股东会由全体股东组成，是公司的权力机构，行使下列职权：

（1）决定公司的经营方针和投资计划；

（2）选举和更换董事，决定有关董事长、董事的报酬事项；

（3）选举和更换由股东代表出任的监事，决定监事的报酬事项；

（4）审议批准董事长的报告；

（5）审议批准监事的报告；

（6）审议批准公司的年度财务预算方案、决算方案；

（7）审议批准公司的利润分配方案和弥补亏损的方案；

（8）对公司增加或者减少注册资本做出决议；

（9）对发行公司债券做出决议；

（10）对股东向股东以外的人转让出资做出决议；

（11）对公司合并、分立、变更公司形式，解散和清算等事项做出决议；

（12）修改公司章程。

第十三条 股东会的首次会议由出资最多的股东召集和主持。

第十四条 股东会会议由股东按照出资比例行使表决权。

第十五条 股东会会议分为定期会议和临时会议，并应当于会议召开十五日以前通知全体股东。定期会议应每半年召开一次，临时会议由代表四分之一以上表决权的股东，董事长、董事或者监事提议方可召开。股东出席股东会议也可书面委托他人参加，行使委托书中载明的权力。

第十六条 股东会会议由董事长召集并主持。董事长因特殊原因不能履行职务时，由董事长书面委托其他董事召集并主持，被委托人全权履行董事长的职权。

第十七条 股东会会议应对所议事项做出决议，决议应由代表三分之二以上表决权的股东表决通过，但股东会对公司增加或减少注册资本、分立、合并、解散或变更公司形式、修改公司章程所做出的决议，应由代表三分之二以上表决权的股东表决通过。股东会应当对所议事项的决定做会议记录，出席会议的股东应当在会议记录上签名。

第十八条 公司设董事会，成员为____人，由股东会选举产生。董事任期三年，任期届满，可连选连任。董事在任期届满前，股东会不得无故解除其职务。董事会设董事长一人，由董事会选举产生。董事长任期三年，任期届满，可连选连任。董事长为公司法定代表人，对公司股东会负责。

董事会行使下列职权：

（1）负责召集和主持股东会，检查股东会会议的落实情况，并向股东会报告工作；

（2）执行股东会决议；

（3）决定公司的经营计划和投资方案；

（4）制订公司的年度财务方案、决算方案；

（5）制订公司的利润分配方案和弥补亏损方案；

（6）制订公司增加或者减少注册资本的方案；

（7）拟订公司合并、分立、变更公司形式、解散的方案；

（8）决定公司内部管理机构的设置；

（9）提名并选举公司行政总裁（以下简称为CEO）人选，根据CEO的提名，聘任或者解聘公司副总，财务负责人，决定其报酬事项；

（10）制定公司的基本管理制度；

（11）在发生战争、特大自然灾害等紧急情况下，对公司事务行使特别裁决权和处置权，但这类裁决权和处置权须符合公司利益，并在事后向股东会报告。

董事长为公司的法定代表人，董事长行使下列职权：

（1）负责召集和主持董事会，检查董事会的落实情况，并向股东会和董事会报告工作；

（2）执行股东会决议和董事会决议；

（3）代表公司签署有关文件；

（4）在发生战争、特大自然灾害等紧急情况下，对公司事务行使特别裁决权和处置权，但这类裁决权和处置权应符合公司利益，并在事后向股东会和董事会报告。

第十九条 董事会由董事长召集并主特。董事长因特殊原因不能履行职务时，依次由副董事长和董事长指定的其他董事召集和主持。三分之一以上董事可以提议召开董事会会议，并应于会议召开十日前通知全体董事。

第二十条 董事会必须有三分之二以上的董事出席方为有效，董事因故不能亲自出席董事会会议时，必须书面委托他人参加，由被委托人履行委托书中载明的权力。对所议事项做出的决定应由占全体董事三分之二以上的董事表决通过方为有效，并应做成会议记录，出席会议的董事应当在会议记录上签名。

二十一条 公司设行政总裁 1 名，副总若干，由董事会聘任或者解聘，行政总裁对董事会负责，行使下列职权：

（1）主持公司的生产经营管理工作；

（2）组织实施公司年度经营计划和投资方案；

（3）拟订公司内部管理机构设置方案；

（4）拟定公司的基本管理制度；

（5）制定公司的具体规章；

（6）提请聘任或者解聘公司副总，财务负责人；

（7）聘任或者解聘除应由董事长聘任或者解聘以外的负责管理人员；经理列席股东会会议和董事会会议。

第二十二条 公司设监事一人，由公司股东会选举产生。监事任期每届三年，任期届满，可连选连任。

第二十三条 监事行使下列职权：

（1）检查公司财务；

（2）对董事长、董事、经理行使公司职务时违反法律、法规或者公司章程的行为进行监督；

（3）当董事长、董事和经理的行为损害公司的利益时，要求董事长、董事和经理予以纠正；

（4）提议召开临时股东会；监事列席股东会会议和董事会会议。

第二十四条 公司董事长、董事、经理、财务负责人不得兼任公司监事。

第八章 公司的法定代表人

第二十五条 董事长为公司的法定代表人，任期为三年，由董事会选举产生和罢免，任期届满，可连选连任。

第二十六条 董事长行使下列职权：

（1）负责召集和主持董事会，检查董事会的落实情况，并向股东会和董事会报告工作；

（2）执行股东会决议和董事会决议；

（3）代表公司签署有关文件；

（4）提名公司经理人选，交董事会任免；

（5）在发生战争、特大自然灾害等紧急情况下，对公司事务行使特别裁决权和处置权，但这类裁决权和处置权须符合公司利益，并在事后向股东会和董事会报告。

第九章 财务、会计、利润分配及劳动用工制度

第二十七条 公司应当依照法律、行政法规和国务院财政主部门的规定建立本公司的财务、会计制度，并应在每次会计年度终了时制作财务会计报告，委托国家承认的会计师事务所审计并出具书面报告，并应于第二年三月三十一日前送交各股东。

第二十八条 公司利润分配按照《公司法》及有关法律法规，国务院财政主管部门的规定执行。

第二十九条 劳动用工制度按国家法律法规及国务院劳动部门的有关规

定执行。

第十章 公司的解散事由与清算办法

第三十条 公司的营业期限为二十年，从《企业法人营业执照》签发之日起计算。

第三十一条 公司有下列情形之一，可以解散：

（1）公司章程规定的营业期限届满或者公司章程规定的其他解散事由出现时；

（2）股东会决议解散；

（3）因公司合并或者分立需要解散的；

（4）公司违反法律、行政法规被依法责令关闭的；

（5）不可抗力事件致使公司无法继续经营时；

（6）宣告破产。

第三十二条 公司解散时，应依《公司法》的规定成立清算组对公司进行清算。清算结束后，清算组应当制作清算报告，报股东会或者有关主管机关确认，并报送公司登记机关，申请注销公司登记，公告公司终止。

第十一章 股东认为需要规定的其他事项

第三十三条 公司根据需要或涉及公司登记事项变更的可修改公司章程，修改后的公司章程不得与法律法规相抵触，修改公司章程应由全体股东表决通过。修改后的公司章程应送原公司登记机关备案，涉及变更登记事项的，应同时向公司登记机关做变更登记。

第三十四条 公司章程的解释权属于股东会。

第三十五条 公司登记事项以公司登记机关核定的为准。

第三十六条 本章程经各方出资人共同订立，自公司设立之日起生效。

第三十七条 本章程一式五份，股东各留存一份，公司留存一份。

全体股东盖章（签名）：

年 月 日

股权出质设立登记申请书

登记事项	股权所在公司名称		注册号 / 统一社会信用代码	
	出质人姓名（名称）及证照号码			
	质权人姓名（名称）及证照号码			
	出质股权数额	万元		
申报事项	被担保债权数额	万元		
	股权类型	□有限公司股权　□股份公司股权		
	出质人类型	□公司　□非公司企业法人　□合伙企业 □个人独资企业　□农民专业合作社　□自然人 □其他		
	质权人类型	□银行　□非银行金融机构 □非金融业企业　□自然人　□其他		
申请人声明	出质人已对上述股权作必要审查，并自愿接受其作为出质标的。 申请人申请股权出质登记，已阅知下列内容： 1. 申请人应当对申请材料的真实性、质权合同的合法性有效性负责。 2. 出质股权所在公司为有限责任公司或者股权未在证券登记结算机构登记的股份有限公司。 3. 出质股权应当是依法可以转让的股权，且权能完整，未被人民法院依法冻结。 4. 出质股权所在公司为有限责任公司的，公司应当将股东的姓名或者名称及其出资额向公司登记机关登记；登记事项发生变更的，应当办理变更登记。未经登记或者变更登记的，不得对抗第三人。 5. 公司不得接受本公司的股权作为质押权的标的。 6. 公司为他人提供担保，依照公司章程的规定，由董事会或者股东会、股东大会决议；公司章程对担保的总额及单项担保的数额有限额规定的，不得超过规定的限额。公司为公司股东或者实际控制人提供担保的，必须经股东会或者股东大会决议。 因提交材料实质内容违反法律、行政法规和公司章程的相关规定，产生的经济纠纷和法律责任，由申请人负责。			

出质人签字（盖章）　　　　　　质权人签字（盖章）

年　　月　　日

股权出质变更登记申请书

质权登记编号：

<table>
<tr><th colspan="2">变更事项</th><th>原登记内容</th><th>申请变更登记内容</th></tr>
<tr><td rowspan="5">登记事项</td><td>股权所在公司名称</td><td></td><td></td></tr>
<tr><td>股权所在公司注册号/统一社会信用代码</td><td></td><td></td></tr>
<tr><td>出质人姓名（名称）及证照号码</td><td></td><td></td></tr>
<tr><td>质权人姓名（名称）及证照号码</td><td></td><td></td></tr>
<tr><td>出质股权数额</td><td>万元</td><td>万元</td></tr>
<tr><td>申报事项</td><td>被担保债权数额</td><td colspan="2">万元</td></tr>
<tr><td>申请人声明</td><td colspan="3">出质人已对上述股权作必要审查，并自愿接受其作为出质标的。
申请人申请股权出质登记，已阅知下列内容：
1. 申请人应当对申请材料的真实性、质权合同的合法性有效性负责。
2. 出质股权所在公司为有限责任公司或者股权未在证券登记结算机构登记的股份有限公司。
3. 出质股权应当是依法可以转让的股权，且权能完整，未被人民法院依法冻结。
4. 出质股权所在公司为有限责任公司的，公司应当将股东的姓名或者名称及其出资额向公司登记机关登记；登记事项发生变更的，应当办理变更登记。未经登记或者变更登记的，不得对抗第三人。
5. 公司不得接受本公司的股权作为质押权的标的。
6. 公司为他人提供担保，依照公司章程的规定，由董事会或者股东会、股东大会决议；公司章程对担保的总额及单项担保的数额有限额规定的，不得超过规定的限额。公司为公司股东或者实际控制人提供担保的，必须经股东会或者股东大会决议。
因提交材料实质内容违反法律、行政法规和公司章程的相关规定，产生的经济纠纷和法律责任，由申请人负责。</td></tr>
</table>

出质人签字（盖章）　　　　质权人签字（盖章）

年　月　日

股权出质注销登记申请书

质权登记编号：

股权所在公司名称	
股权所在公司注册号/统一社会信用代码	
出质人姓名（名称）及证照号码	
质权人姓名（名称）及证照号码	
出质股权数额	万元
注销原因	□1. 主债权消灭 □2. 质权实现 □3. 质权人放弃质权 □4. 法律规定的其他情形导致质权消灭 注：注销原因在备选项前□上画“√”。
申请人声明	申请人自愿提出股权出质注销登记申请，并对提交材料的真实性、有效性负责。

出质人签字（盖章）　　　　　　质权人签字（盖章）

年　月　日

股权出质撤销登记申请书

质权登记编号：

股权所在公司名称	
股权所在公司注册号/统一社会信用代码	
出质人姓名（名称）及证照号码	
质权人姓名（名称）及证照号码	
出质股权数额	万元
申请人声明	申请人依法申请股权出质撤销登记，因提交材料实质内容违反法律规定产生的经济纠纷和法律责任，由申请人负责。

申请人签字（盖章）

年　月　日

指定代表或者共同委托代理人授权委托书

申请人：

指定代表或者委托代理人：

委托事项及权限：

1. 办理________________________________（企业名称）的

□名称预先核准 □设立 □变更 □注销 □备案 □撤销变更登记

□股权出质（□设立 □变更 □注销 □撤销） □其他手续；

2. □同意 □不同意 核对登记材料中的复印件并签署核对意见；

3. □同意 □不同意 修改企业自备文件的错误；

4. □同意 □不同意 修改有关表格的填写错误；

5. □同意 □不同意 领取营业执照和有关文书。

指定或者委托的有效期限：自　　年　　月　　日至　　年　　月　　日

指定代表或委托代理人或者经办人信息	签字：
	固定电话：
	移动电话：

（指定代表或委托代理人、具体经办人身份证明复印件粘贴处）

（申请人签字或盖章）

年　　月　　日

股东印鉴卡（正面）

户号：

股东户名		出生日期	
身份证号码		电话	
法定代理人		与代理人关系	
户籍地址			
通信地址			
备注			

股东印鉴卡（背面）

印鉴式样			
启用日期	年　月　日	注销日期	年　月　日

证券主管：　　　　　　　　　　　　印鉴卡经管人：

股东更换印鉴申请书

本人前留贵公司存证之印鉴，自即日起停止使用，事后有关支息、过户、出资、挂失或其他股票事务均以本申请书所盖新印鉴为凭。谨此检送新印鉴卡及印鉴证明书各一份，并请将前存旧印鉴卡注销，即请照章办理为荷。

新印鉴		旧印鉴	

申请人：（签章）

身份证号码：

户号：

住址：

年　月　日

股东印鉴挂失申请书

本人前留贵公司存证之印鉴因不慎遗失（毁灭），除即登报声明作废外，特先行报请挂失，自登报日起十五日内如无纠葛发生，再提示股票检同刊登之报纸全份及印鉴证明书、印鉴卡各一份办理变更新印鉴，即请贵公司办理为荷。

申请人	

申请人：（签章）

身份证号码：

户号：

住址：

年　　月　　日

股东继承过户申请书

兹因贵公司股东已于　　年　月　日逝世，所遗让股东名下贵公司下列股票，特检附该项股票、户籍誊本、印鉴卡及继承股权证明文件，即请贵公司办理继承过户登记为荷。

票面股数	字号别	继承股票号码	张　数	股　数
股			张	股
股			张	股
股			张	股
合　　计			张	股

继承人：

身份证号码：

户号：

住址：

年　　月　　日

股票挂失申请书

本人名义持有之下列股票不慎于　　年　月　日遗失（毁损），祈请贵公司惠予挂失，如有虚冒事情或任何纠葛发生，本人愿负一切法律责任。

票面股数	字号别	股票号码	张　　数	股　　数
股			张	股
股			张	股
股			张	股
合　　计			张	股

申请人:（签章）

身份证号码:

户号:

住址:

年　　月　　日

股票补发申请书

下列股票因遗失（毁损）于　　年　月　日向贵公司申请挂失在案，兹检送刊登遗失声明作废启事报纸全份、申请补发股票保证书一份，即请查照补发相等面额新股票为荷。如有虚冒事情或将来发生纠葛致贵公司或第三人蒙受损失时，本人及保证人愿负一切责任，并放弃先诉抗辩权。

挂失登记			登报种类	
保证人				
票面股数	字号别	股票号码	张　　数	股　　数
股			张	股
股			张	股
股			张	股
合　　计			张	股

申请人:（签章）

身份证号码:

户号:

住址:

年　　月　　日

补发新股票领收单

票面股数	字号别	股票号码	张　　数	股　　数
股			张	股
股			张	股
股			张	股
股			张	股
股			张	股
股			张	股
合　　计			张	股

上列股票经点收无误。

股东：

户号：

住址：

年　　月　　日

股票转让过户申请书

敬启者：

出让人持有之下列股票经协商，转让与受让人所有，即请照章办一过户登记为荷。

过户股票详细内容	
票面股数	股票号码
股	
股	
股	
股	
股	
股	
股	
股	
股	

续表

		股	合计		张
受让人	姓名		户号		印鉴
	住址				
	身份证号码				
出让人	姓名		户号		印鉴
	住址				
	身份证号码				

公司吸收合并协议

甲方：______________________

法定代表人（授权代表）：______________________

住址：______________________

邮编：______________________

乙方：______________________

法定代表人（授权代表）：______________________

住址：______________________

邮编：______________________

本协议于________年________月________日于________签订。

鉴于：

1. 甲乙双方系依据中国法律在中国境内依法设立并合法存续的独立法人，具有履行本协议的权利能力和行为能力；

2. 甲乙双方拟实行吸收合并，甲方拟吸收乙方而继续存在，乙方拟解散并注销。

现甲乙双方经平等友好协商，就甲方吸收合并乙方事宜达成如下协议，以兹共同遵守。

第一条　甲方基本情况

甲方基本情况如下：

（一）企业类型：________________________________；

（二）注册资本：截至本协议签订之日注册资本为人民币________万元；

（三）企业住所：________________________________；

（四）法定代表人：________________________________；

（五）甲方截至________年________月________日经审计并经乙方确认的资产负债表（见附件一）、评估报告（见附件二）。

第二条　乙方基本情况

乙方基本情况如下：

（一）企业类型：________________________________；

（二）注册资本：截至本协议签订之日注册资本为人民币________万元；

（三）企业住所：________________________________；

（四）法定代表人：________________________________；

（五）股东及股本结构情况：________出资________万元，占注册资本的________%；

（六）盈利状况：2011 年、2012 年、2013 年……［盈利 / 亏损］；

（七）乙方截至________年________月________日经审计并经甲方确认的资产负债表（见附表三），评估报告（见附表四）。

第三条　合并总体方案

双方就合并方案达成如下共识：

（一）甲乙双方同意实行吸收合并，甲方吸收乙方而继续存在，乙方解散并注销；

（二）甲乙双方合并后，存续公司甲方的注册资本为人民币________万元，即合并前甲乙双方的注册资本之和；

（三）甲乙双方应于________年________月________日前完成合并及所有与本次合并相关的工商变更。但，合并手续于该日前不能完成时，甲乙双方可以另行签订补充协议，延长办理时限。

第四条　合并各方的债权、债务继承安排

甲乙双方完成合并及完成所有与本次合并相关的工商变更手续之日起的所有财产及权利义务，均由甲方无条件承受，原乙方所有的债务由甲方承担，债权由甲方享有。

与本次吸收合并相关的对债权、债务人的告知义务按《公司法》有关规定执行。

第五条　双方的权利和义务

（一）甲方有权要求乙方将全部资产及相关的全部文件完整地移交给甲方，上述文件包括但不限于：产权证书、各种账目、账簿、设备技术资料等；

（二）甲方应与乙方共同聘请资产评估机构并由甲方负担所有资产评估费用；

（三）本协议签订后，双方凭该协议办理乙方资产的变更登记、过户等接收手续，相关费用、税收由甲方承担；

（四）乙方于本协议生效后至合并日，应以善良管理人的注意，继续管理其业务。但是，处理财产、承担义务________元以上的支出等，应经甲方书面同意。

第六条　职工安置方案

乙方全体管理人员及职工，于合并后当然成为甲方管理人员及职工，其工作年限、工资及其他劳动条件不变。个别调换工作者，不在此限。

第七条　合并手续的办理

甲乙双方应召开股东大会，讨论通过本协议。一方或双方股东大会未通过时，本协议自动失效。

甲乙双方应于股东大会通过本协议之日起一周内，持该协议到工商部门办理乙方注销登记和甲方变更登记手续，并提请登记机关予以公告；一方或双方申请未得到审批机关批准时，本协议自动失效。

本协议签订后，双方凭该协议办理乙方资产的变更登记、过户等接收手续，相关费用、税收由甲方承担。

第八条　双方的承诺和保证

甲乙双方同意并承诺，各方均已获得签署和履行本协议全部必要的授权、批准，签署和履行本协议不会对协议各方已签署的任何法律文件构成任何不法或违反。

甲乙双方同意并承诺，自本协议签订之日起，即严格遵守本协议的约定。

第九条　争议的解决

本协议各方因本协议的解释、履行产生的或与本协议有关的任何争议，均应通过友好协商解决，协商不成的，任何一方均有权向［甲方］所在地有管辖权的人民法院提起诉讼。

第十条　协议的生效及其他

本协议自甲、乙双方法定代表人/授权代表签字并加盖公章之日起生效。

本协议如有未尽事宜，由甲乙双方协商后另行签署相关补充协议，补充协议与本协议具有同等法律效力。

本协议一式四份，甲乙双方各执一份，报相关机关备案两份，具有同等法律效力。

甲方：________________　　乙方：________________

法定代表人（授权代表）：　　法定代表人（授权代表）：

签署日期：________________　　签署日期：________________

附件：

（一）甲方资产负债表；

（二）甲方评估报告；

（三）乙方资产负债表；

（四）乙方评估报告；

（五）甲、乙债权银行与有关各方签署的《债权、债务继承协议》；

（六）甲、乙各方关于公司合并的有效股东会决议。

附件略

Enterprise Management and Practice

Chapter 3

企业人力资源制度管理

第一节 | 企业人力资源管理制度

一、企业人力资源管理制度的内容

汪某从父亲处接管了公司。新官上任三把火，汪某经常到公司的各个岗位视察。渐渐地，他发现了一位很奇怪的员工。这位员工经常站在收发室门口一动不动，等很久才回到自己的工作岗位。

汪某很纳闷，于是上前问这位员工缘由。员工告诉汪某："汪总，咱们公司的人力资源管理制度就是这么写的。"

汪某不信，取来人力资源管理制度一看，果然如此。

原来，这份人力资源管理制度是很久之前的。在汪某父亲那个年代，电子邮件还没有普及，员工需要站在收发室门口等待文件收发。但现在对员工发放通知都使用电子邮件，这项规定显然已经过时了。

于是，汪某及时修改了人力资源管理制度，还对这位一直坚持的员工表示了安慰和嘉奖。

企业人力资源管理制度主要是用来规范职工在企业中一切活动的规章制度，其中包括员工在企业的行为行动和办事方法，也包括员工在企业开展工作的具体流程。这是企业管理的一项重要制度，在整个企业管理中占有重要地位。

企业人力资源管理的根本目的就是通过合理用人来帮助企业获得经济效益。现代企业之间的竞争，更多的是人才之间的竞争，谁能够获得更多的人才，谁就能够在市场竞争中拔得头筹。

对于企业管理者来说，在市场之中争夺人才很重要，但留住人才更加重要。企业最大的浪费就是人才资源的浪费。很多时候，人才就在企业之中，一些管理者却对此视而不见，仍然四处寻找人才，这就是一种对企业人力资源的浪费。

企业人力资源管理制度是企业争夺市场中的人才，挖掘企业人才的潜在能力，提高市场竞争力的一个重要制度。

早期的企业人力资源管理制度中，人力资源管理部门的工作仅仅是进行员工档案记录。这不仅难以发掘员工的潜在能力，同时也会造成企业人力资源的浪费。

在企业竞争日益激烈的今天，企业人力资源管理制度的内容也得到了极大的扩充，企业的人力资源部门也应该与时俱进，加大对旧有人力资源管理制度的改革。在建立好企业人才档案的同时，更要让企业的用人机制充满活力，这样才能营造出一个良好的工作环境，做到人尽其才，用人之所长。

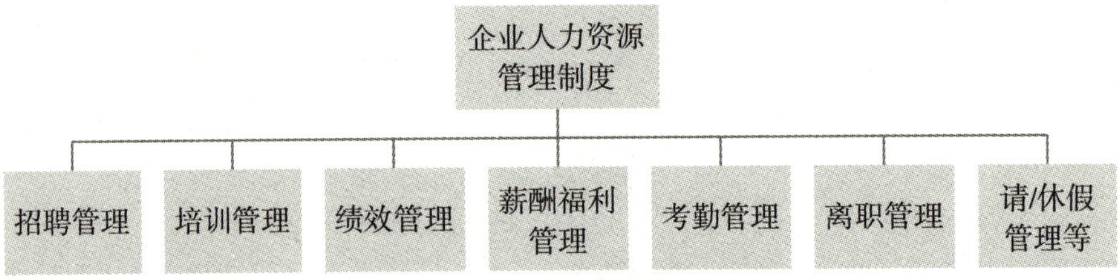

企业人力资源管理制度是企业人力资源体系的重要组成部分，一般来说，主要包括招聘管理制度、培训管理制度、绩效管理制度、薪酬福利管理制度、考勤管理制度、离职管理制度、加班 / 请休假管理制度、人力资源规划管理、公司组织架构、人力资源调整管理制度等内容。

二、招聘管理制度

企业进行招聘管理主要是为了满足企业在发展过程中对人才的需要，建立完善的招聘管理制度是健全企业人才选用机制，合理配置企业人力资源的必要举措。管理者在制定这项制度时，不仅要依照国家法律和有关地方法规来进行，同时还要结合企业自身的实际情况来制定。

不同企业的人力资源招聘管理制度也是不同的，这主要是由不同企业自身的实际情况和现实需要所决定的。一般来说，在进行招聘管理的时候，都要遵循一定的原则，这些原则包括公开招聘、平等竞争、人岗匹配、先内后外、责任分解等内容。

公开招聘是指企业在招聘时，所有职位需求都应该实时公布，无论是内聘，还是外聘，都应该采取公开招聘的方式来进行。

先内后外原则是指在企业招聘过程中，内部提拔与培养应该成为企业主要的用人原则，可以内部培养，优先考虑内聘。

人岗匹配原则是对招聘计划的要求，在进行招聘之前，各部门应该及时提交《部门用人需求申请表》，在表中应该详细填写岗位需求和目标。这样人力资源部门在进行日常招聘时，才能够有的放矢。同时，按照这一原则进行招聘，还能够更好地选择招聘渠道，提高人才招聘的效率。

有效渠道分析原则主要是对所需人才可能会适用的招聘方法进行分析，目的是更好地取得招聘成果。一般来说，企业人力资源部门可以选用广告招聘、人才市场招聘、校园招聘、招聘会招聘和互联网招聘等渠道进行招聘。

责任分解原则主要指在审核应聘者时，人力资源部门应该和具体用人部门相互配合。人力资源部门对应聘者的行为品格进行审核，而具体用人部门则对应聘者的工作能力进行审核。只有人力资源部门和用人部门在审核上依靠各自优势进行明确分工，才能让审核的结果更加真实可靠。

考核原则主要是指在试用期过程中，要对员工进行严格考核。目的就是保证进入公司的员工在能力素质上，能与工作岗位相匹配。

在进行招聘管理时，人力资源部门要和具体的用人部门积极配合。招聘工作并不仅仅是人力资源部门的工作，具体用人部门也要在整个工作中发挥重要的作用，只有这样才能保证招聘工作取得好的效果。

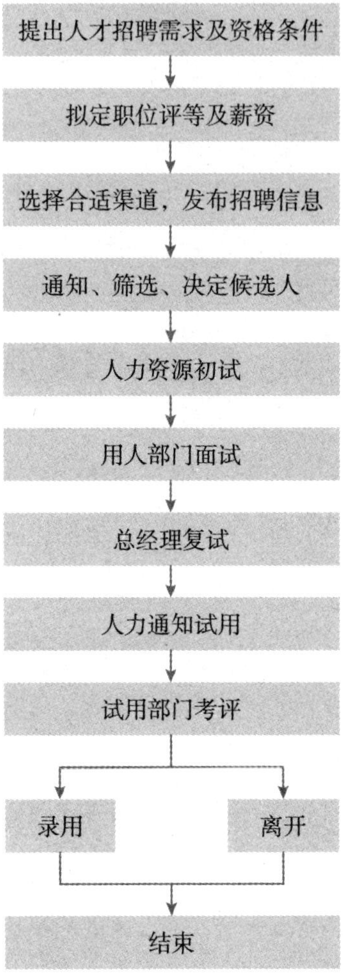

企业人力资源部门是招聘工作的主要负责部门，其主要需要做好以下几个方面的工作：

1. 以企业发展战略为基础，制定企业中、长期人力资源规划；

2. 制定并完善企业招聘管理制度、企业招聘流程；

3. 确定企业招聘计划和招聘策略；

4. 对企业各岗位招聘工作进行组织和实施，同时也要进行相应的规范和控制；

5. 与具体用人部门协商拟录人员的薪酬待遇，上报批准后再执行；

6. 记录、考核新员工的工作表现，及时给出转正、辞退等处理意见；

7. 整理、归档新员工个人信息，并及时更新人力资源信息数据。

企业用人部门应该根据人力资源部门的安排，积极参加本部门人员招聘工作。同时也应该参与其他部门对口专业人员的招聘活动。企业用人部门在进行招聘时，应该做好以下几个方面的工作：

1. 制定并完善本部门岗位说明书，明确岗位职责和任职资格；

2. 根据部门人力资源需求，提交相应的人员需求计划；在人员需求计划中，应该包括明确的岗位描述和任职资格条件，以便于人力资源部门开展人才招聘工作；

3. 根据本部门岗位招聘需求，从公司内、外部积极寻找优秀人才，并向人力资源部门推荐；

4. 选择业务能力强，对待招聘岗位有清楚认识，并拥有一定人才甄选技巧的员工，跟随人力资源部门一同参与招聘工作；

5. 对应聘者的专业技术水平进行评测，对一些考察业务和技术能力的笔试内容，进行试卷审阅和评分；

6. 与人力资源部门一起对新员工进行试用期考核，并给出相应的考核意见。

三、培训管理制度

企业培训管理工作是与企业招聘管理工作紧密相连的。企业制定培训管理制度是为了打造优秀的企业团队，提高企业全员的整体素质和工作能力，提高员工的工作效率，增强企业的核心竞争力。

为了让企业内部各部门、各单位能够细致、有序地开展岗位培训和技能培训，作为管理者必须要制定出完善的企业培训管理制度。培训管理制度越完善、越全面，公司的培训工作就越专业、越规范，最终取得的效果也就越好。

与企业招聘管理工作一样，企业的培训管理工作，在具体执行时，也要遵循一些重要的原则。具体来说主要包括以下几个方面的内容：

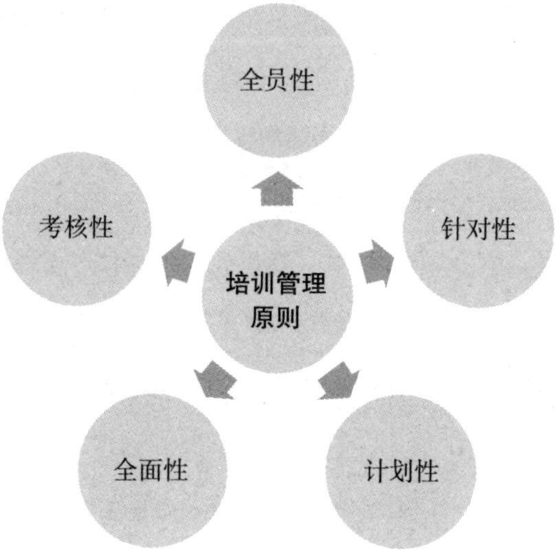

1. 全员性原则

企业进行培训的目的就是提高全体成员的综合素质和工作能力。无论是普通员工，还是企业各层级的管理者，都应该充分认识到企业培训管理工作的重要性。因此，在进行企业管理培训时，从管理者到员工都要积极参与，以提升自己的专业能力。

2. 针对性原则

企业的培训管理工作要有目的、有针对性地进行，企业培训管理工作的内容应该符合不同培训者的实际需求。一方面，不同岗位的员工应该有针对性地接受不同专业技能方面的培训。另一方面，不同层级的员工也应该有针对性地接受不同类型的能力训练。

3. 计划性原则

企业在进行培训管理工作之前，一定要制订出相应的培训管理计划，在具体的管理培训工作之中，也要严格按照计划执行。当然，如果在实行过程中发现培训管理计划存在问题，要及时进行调整和修正，保障培训管理工作稳定有序进行。

4. 全面性原则

全面性原则不同于全员性原则，全面性原则强调的是培训管理工作中的培训内容。在企业培训管理工作中，培训内容必须全面，要将基础培训、素质培训和技能培训结合在一起。在具体的培训方式上，也要综合运用讲授、讨论、参观、实践等方式。这样才能够更好地发挥管理培训的效果。

5. 考核性原则

在企业培训管理工作进行过程中，人力资源部门要定期对培训效果进行检验和评估。在企业培训管理工作结束之后，相关部门应该对参加培训的员工进行必要的考核。考核不仅需要进行评分和奖惩，还要给出相应的改进和完善意见。

企业培训管理工作是企业人力资源管理工作中的重要内容，如果说招聘管理工作是在为企业选拔人才，那培训管理工作就是在为企业培养人才。外部选拔的人才可以通过培训尽快适应工作环境，内部选拔的人才则可以通过培训提高自己的工作能力。

一般来说，企业在进行培训管理工作时，主要应做好以下几个关键环节。

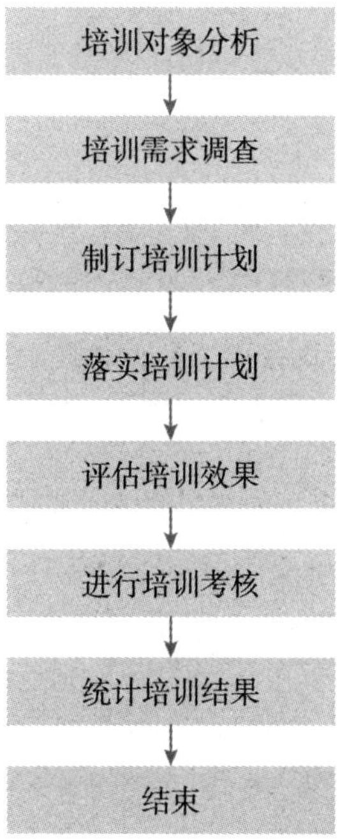

1. 培训对象分析

企业在进行培训管理前要对培训对象进行全面分析，其中既包括对其知识结构、学历水平的分析，还要包括对其工作经验、工作表现的分析。

在具体分析方法上，人力资源部门可以根据基础的人力资源数据收集，或是通过与培训对象进行面谈，来了解培训对象的具体信息。也可以通过与培训对象的上级进行沟通，来了解其在工作岗位上存在的实际问题，以及可能的解决办法。

2. 培训需求调查

在完成培训对象分析之后，人力资源部门需要对培训对象进行客观、全面、细致的培训需求分析。在这个过程中，人力资源部门要明确培训工作需要解决的实际问题，以及进行培训的具体目的。

3. 制订培训计划

综合前两项工作的结果，人力资源部门需要结合培训对象的实际情况，制订出切实可行的培训计划。培训计划制订得要尽可能详细，不仅要明确培训对象、培训人数、培训目的和培训内容，同时还要明确培训的负责人，以及各个培训环节的工作人员。只有做好各个环节的计划，才能保障培训计划在整体上的可行性。

4. 落实培训计划

再好的培训计划如果没有落地执行，都不能取得效果。很多企业的培训计划看上去都非常完美，但一到执行环节，要么错误频出，要么无法推行。究其原因，都是因为在具体执行环节，相关部门没有严格按照计划去施行。

因此，当培训计划一旦通过之后，人力资源部门应该和各部门一起对培训计划的具体执行情况进行监督，同时对培训效果进行评估。一旦发现问题，就要立刻解决。如果是执行中的问题，就要在追究相关部门责任的同时，加强管理。如果是培训计划出了问题，就要及时改正培训计划。这样才能更好地完成培训工作。

5. 评估培训效果

培训效果的评估可以分成培训过程中的效果评估和培训结束后的效果评估。

在培训过程中。培训负责人可以通过与培训对象进行沟通，来了解培训对象在培训过程中存在的问题，以及培训对象对培训内容的意见。在与培训对象进行沟通的同时，培训负责人还要与培训讲师保持一定的沟通，这样才能够保证培训取得好的效果。

培训结束后，培训负责人需要和讲师一起，对培训对象进行回访和调查。主要考察培训对象的技能提高程度、行为改进程度和对新知识的接受程度。这些内容可以作为培训考核和改进的依据。

6. 进行培训考核

在培训结束之后，要对培训对象进行相应的考核。一方面是为了检验培训的效果，另一方面可以加强培训的效果。相关负责人要保证培训考核在公平公正的情况下进行，同时还要及时对培训对象的意见进行反馈。

7. 统计培训结果

统计培训结果是为了检验培训是否达到了目的，同时也是为了改进和完善培训计划。在培训考核结束之后，企业可以根据具体的培训结果，对培训对象进行相应的奖励和惩罚。培训的结果也可以作为薪资调整和职位升迁的一个重要依据。培训负责人应该对培训中的所有资料和数据进行汇总统计，统一交由人力资源部门保管。

建立规范的培训管理工作流程，能够保障企业培训管理工作稳定有序地进行。同时也能让培训工作变得程序化和制度化，更有利于达到培训管理的目的。

四、企业人力资源管理制度的作用

随着市场经济的发展，企业想要在市场竞争中占据优势，就要首先完善自身的人力资源管理制度。通过人力资源管理制度，可以发掘和培养人才，节约企业成本，促进企业的发展。

现代企业之间的竞争，说到底都是人才的竞争。企业想要实现快速发展，人力资源管理工作就必须要做好。

传统的人力资源管理工作就是员工招聘、日常考勤、绩效考核等内容。这些都是基础的人力资源管理形式，缺少主动性。现代企业人力资源管理工作需要主动构建起完善的人力资源管理体系，通过建立有效的人力资源信息，制定合理的用人、选人、育人的制度，来进行企业人、事之间的调整，这样才能让企业的效益最大化。

完善的企业人力资源管理制度对于企业发展具有至关重要的作用，它不仅仅统筹了企业的人、财、物，更为企业长远利益的获得，打下了坚实的基础。

企业人力资源管理制度的作用，主要表现在以下几个方面：

1. 规范企业员工的行为准则；

2. 维护企业员工的基本权利；

3. 协调企业各管理层之间的关系；

4. 保障企业员工正常工作。

拥有完善的人力资源管理制度，企业才能够建立起选拔和培养人才的机制，并为企业员工的未来发展做出规划，促进员工的成长。同时，企业还能够建立起长效的激励机制，最大化激活员工的潜在能力和创新能力。

五、企业人力资源管理常见问题

常见问题一：一些小型企业由于最初员工较少，相关管理规定不够健全，很多规章制度很难得到有效执行。

解决办法：管理规定不能得到有效执行或者执行得不彻底是许多中小企业的常见问题。一些中小企业在业务发展过程中，企业规模和人员数量都会增加，相应的规整制度也需要有所改变。企业需要制定一些规章制度来规范部门和员工的行为，这是企业做大做强的关键。

企业规章制度的有效执行，首先要考虑的是规章制度的合理性、必要性和可行性。

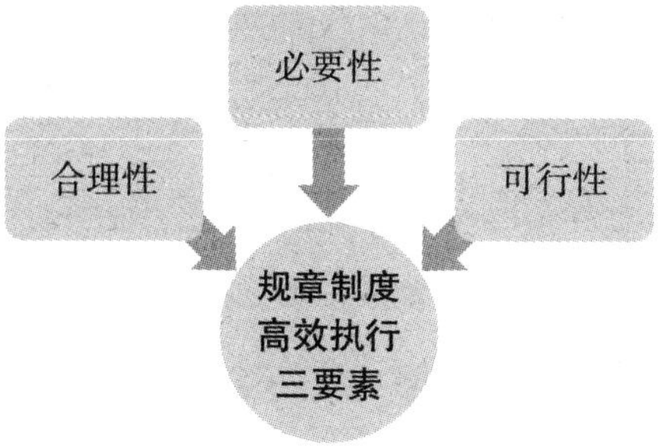

在合理性方面，企业在制定规章制度的时候，一定要从企业当前的实际情况出发。要让规章制度适应企业的实际发展情况，这是规章制度有效执行的一个必要前提。

在必要性方面，企业应该首先针对那些迫切紧要的问题制定规章制度。要让这些规章制度能够切实解决当前问题，而不是制定一些“高大上”的规章制度供人品鉴。

在可行性方面，管理者在制定规章制度的时候，一定要与各层级管理者进行充分沟通。要明确制度的适用范围和制定目的，同时还要考虑好制度执行过程中可能会出现的问题，以及相应的解决办法。

常见问题二：企业在人员调整时，岗位变动的员工不认同新部门的工作制度和工作方式，从而导致工作效率低下。

解决办法：由于公司业务调整，员工岗位出现调动是很正常的事情。在对员工进行岗位调动时，应该根据其现有的工资情况，尽可能保证其到了新岗位之后的工资不变或者变动幅度较小。这样就能减少员工的心理落差，让员工更好地融入新部门之中。

在员工进入新部门工作时，应该尽量安排一个老员工进行帮助和辅导，尤其是在业务方面。这样新员工才能够尽快适应新部门的工作方式，独立开展工作。

对于那些调动岗位之后，工资变动幅度较大的员工，相关部门的负责人要做好解释和说服工作。如果员工仍然不能接受新的岗位和工资，那就要尽快与人力资源部门联系，商讨后续解决办法。

常见问题三：对于一些比较注重业绩的公司，在推行管理制度的时候，经常会遭到员工的反对。这种业绩为先和规范管理之间的矛盾，在一些企业中也较为常见。

解决办法：逐步规范企业的规章管理制度是很有利于企业发展的举措，但规范化管理要经历一个较为漫长的过程。从没有规范到比较规范，从比较规范到非常规范，在这个过程中，管理者需要给员工相应的时间去逐步适应。

因此，管理者在推行规范化管理之时，可以先制定一个较为宽松的管理制度，推行一段时间，让员工有一个适应的过程。在这段时间之中，只进行检查，而不实行绩效考核。对于那些严格执行管理制度的部门给予奖励，从而逐步引导员工适应新的制度。

在制度执行一段时间之后，员工已经逐渐适应了新制度。这时，就可以根据情况来细化制度中的各项条款，明确绩效考核的奖惩措施了。因为员工已经适应了一段时间的新制度，所以在细化制度条款的过程中，管理者受到的阻力也会小很多。

常见问题四：一些企业的员工会将公司的生产、技术等方面信息，透露给竞争对手。甚至还有员工利用休息时间去其他企业进行工作指导。由于部分员工的去留影响着公司的主要业务，所以管理者也不能将这些员工一并开除，所以面对这样的情况不知如何管理。

解决办法：企业管理者在制定规章制度时，一定要加入一些保密制度。同时要在制度之中界定好哪些行为属于泄露公司机密的行为，让员工知道什么样的行为将会受到什么样的处罚。

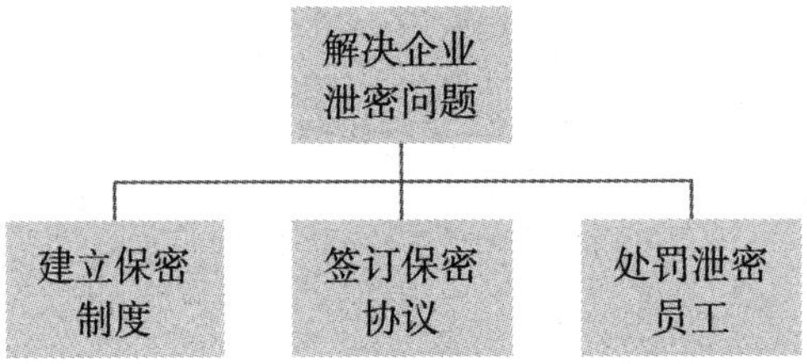

在制定保密制度的同时，管理者还需要与员工签订保密协议，尤其是一些关键员工。在订立劳动合同时，对那些关键员工，可以采取年薪制，年薪余额的发放与违纪情况挂钩。对于关键员工，还可以给予一些长期激励措施，比如工作满多长时间且没有违纪记录，给予相应的奖励，但如果出现泄密问题，这些奖励会被立刻取消。

对于那些有明确证据证明出现泄密行为的员工，一定不能姑息，要坚决开除，以此来警示其他员工。同时企业还要注意对员工进行保守商业秘密方面的培训，让员工明白“高回报必有高风险”，让那些存有侥幸心理的员工在行为上有所收敛。

第二节 | 企业劳动合同管理

一、企业劳动合同内容

劳动合同是劳动者和用人单位确立劳动关系、明确双方权利和义务的协议。企业在和劳动者建立劳动关系时就应当与其签订劳动合同。

在签订劳动合同时，双方应当遵循平等自愿、协商一致的原则。那些违反法律、行政法规，或者采取欺诈、威胁等手段签订的劳动合同，都属于无效的劳动合同。这些无效的劳动合同，从订立的时候起，就不具备法律约束力。

企业和劳动者签订的劳动合同是否为无效合同，需要经由劳动争议仲裁委员会或者人民法院确认。

企业在与劳动者签订劳动合同时，应该采用书面形式订立，同时还应该具备以下几个方面的内容：

劳动合同必备条款
• 劳动合同期限 • 工作内容 • 劳动保护和劳动条件 • 劳动报酬 • 劳动纪律 • 劳动合同终止条件 • 违反劳动合同的责任 • 用人单位的名称、住所和法定代表人或者主要负责人信息 • 劳动者的姓名、住址和居民身份证或者其他有效证件号码

1. 劳动合同期限

劳动合同期限可以分为固定期限、无固定期限和以完成一定的工作为期限。无固定期限的劳动合同主要是指不约定终止日期的劳动合同。而以完成一定工作为期限的劳动合同则是指以工作结束的时间为合同终止期限的劳动合同。

2. 工作内容

工作内容主要指的是企业要求员工从事的工作事项。工作内容的描述应该尽量详细，以免在工作过程中，企业与劳动者之间出现不必要的纠纷。

3. 劳动保护和劳动条件

劳动保护指的是依据《中华人民共和国劳动法》规定的劳动安全保护和劳动卫生保护等两个基本内容。

劳动条件则是指劳动者在劳动过程中，需要使用到的物质设备条件。如工作空间、调温设备、卫生设施等。

4. 劳动报酬

劳动报酬是指劳动者在付出体力或脑力劳动之后，所获得的等价经济回报，也体现了劳动者创造的社会价值。

5. 劳动纪律

劳动纪律主要是指劳动者在工作过程中，应该遵循企业所制定的合理行为准则。

6. 劳动合同终止条件

依照《合同法》规定，有下列情形之一的，劳动合同终止：

①劳动合同期满的；

②劳动者开始依法享受基本养老保险待遇的；

③劳动者死亡，或者被人民法院宣告死亡或者宣告失踪的；

④用人单位被依法宣告破产的；

⑤用人单位被吊销营业执照、责令关闭、撤销或者用人单位决定提前解散的；

⑥法律、行政法规规定的其他情形的。

劳动合同的终止条件只有法定的条件，没有约定的条件。这样可以有效防止用人单位滥用劳动合同终止的约定条款，来随意终止劳动合同。

7. 违反劳动合同的责任

《中华人民共和国劳动合同法》第九十条规定："劳动者违反本法规定解除劳动合同，或者违反劳动合同中约定的保密义务或者竞业限制，给用人单位造成损失的，应当承担赔偿责任。"

8. 用人单位的名称、住所和法定代表人或者主要负责人信息。

9. 劳动者的姓名、住址和居民身份证或者其他有效证件号码。

二、企业劳动合同管理的流程

企业对劳动人力资源合同进行管理时，需按照一定的流程。比如当员工与公司签订劳动合同前，需要给现公司提供一份由原单位开具的关于解除劳动合同的书面证明。劳动合同需一式两份，由员工签字，单位盖章。劳动合同中，一份返还劳动者本人，另一份由公司留存。

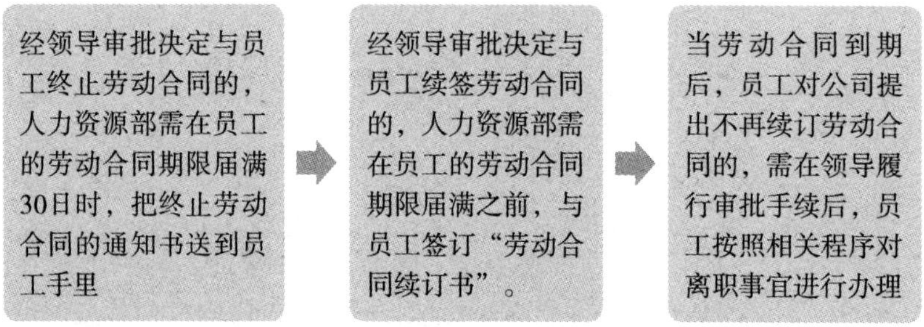

需要注意的是，如果出现下列情况之一，就需要及时将劳动合同进行变更，同时签订劳动合同变更协议书。

当员工因职务调整导致任期发生变化时，需要及时对劳动合同进行变更；当出现符合劳动法规定的其他情况时，需要及时对劳动合同进行变更；当公司出资对员工进行培训，或出资招收应届毕业生时，相关人员需要按照公司制度，与其约定服务期限，同时根据服务期限来变更劳动合同期限。

在员工与公司的劳动合同期满之前，企业管理者需要考虑是否要与该员工继续签订劳动合同，同时写明原因，填写员工的“续订 / 终止劳动合同”审批表，并履行审批手续。

关于劳动合同的续签 / 终止问题，其具体流程如下：经领导审批决定与员工终止劳动合同的，人力资源部需在员工的劳动合同期限届满 30 日时，把终止劳动合同的通知书送到员工手里；经领导审批决定与员工续签劳动合同的，人力资源部需在员工的劳动合同期限届满之前，与员工签订“劳动合同续订书”；当劳动合同到期后，员工对公司提出不再续订劳动合同的，员工需在领导履行审批手续后，按照相关程序对离职事宜进行办理。

当员工的行为达到解除劳动合同的条件时，公司应与员工解除劳动合同，领导需履行审批手续。

首先，当双方解除劳动合同时，需填写“解除劳动合同审批表”。提议者需根据公司的相关规定，实事求是地对即将解除劳动合同的员工进行以下几方面测评：实际能力、工作表现、考核结果或其他特定的事实。并根据以上几点，对员工提出解除劳动合同的意见。

其次，对经过审批，并决定解除劳动合同的员工，人力资源部需提前 30 天向其发出正式解除劳动合同通知书，同时与被解除劳动合同的员工进行洽谈，让其按照相关程序办理离职手续。

最后，员工从公司辞职，需提前 30 天将自己的辞职报告递交公司部门负责人或人力资源部门，然后由人力资源部填写与其解除劳动合同的审批表。在审批程序履行后，员工需按照相关程序，办理离职手续。

关于劳动合同续订、终止、解除的审批程序如下：

首先，若公司总部的高层管理人员想要续订 / 终止 / 解除劳动合同，应将辞职报告递交公司领导审批；若其他人员想要续订 / 终止 / 解除劳动合同，则将辞职报告递交部门负责人、人力资源部、分管领导审批。

其次，公司员工若想续订 / 终止 / 解除劳动合同，需要结合自己在公司的职务序列，来确定公司内部的审批程序。

最后，公司主要负责人以及财务负责人若想跟公司解除 / 终止劳动合同，需要在离职前进行离任审计，在审计结束且无问题后，才能办理离职手续。

附录：企业人力资源管理制度基本表单

应聘人员登记表

<table>
<tr><td>姓名</td><td></td><td>性别</td><td></td><td>出生日期</td><td></td><td rowspan="4">照片</td></tr>
<tr><td>籍贯</td><td></td><td>民族</td><td></td><td>政治面貌</td><td></td></tr>
<tr><td>身高</td><td></td><td>健康状况</td><td></td><td>婚姻状况</td><td></td></tr>
<tr><td>应聘岗位</td><td></td><td>应聘待遇</td><td></td><td>到岗时间</td><td></td></tr>
<tr><td>毕业院校</td><td></td><td>学历</td><td></td><td>联系电话</td><td colspan="2"></td></tr>
<tr><td>所学专业</td><td></td><td>毕业时间</td><td></td><td>QQ</td><td colspan="2"></td></tr>
<tr><td>身份证号</td><td colspan="3"></td><td>电子邮箱</td><td colspan="2"></td></tr>
<tr><td>通信地址</td><td colspan="3"></td><td>兴趣爱好</td><td colspan="2"></td></tr>
</table>

<table>
<tr><td rowspan="4">教育背景</td><td>教育时间</td><td>学习性质</td><td>获得何种证书</td></tr>
<tr><td></td><td></td><td></td></tr>
<tr><td></td><td></td><td></td></tr>
<tr><td></td><td></td><td></td></tr>
</table>

<table>
<tr><td rowspan="4">工作经历</td><td>工作时间</td><td>工作单位</td><td>工作岗位</td><td>离职原因</td><td>证明人</td><td>联系电话</td></tr>
<tr><td>年 月－ 年 月</td><td></td><td></td><td></td><td></td><td></td></tr>
<tr><td>年 月－ 年 月</td><td></td><td></td><td></td><td></td><td></td></tr>
<tr><td>年 月－ 年 月</td><td></td><td></td><td></td><td></td><td></td></tr>
</table>

<table>
<tr><td rowspan="6">家庭成员</td><td>姓名</td><td>关系</td><td>出生日期</td><td>工作单位</td><td>工作岗位</td><td>工作地点</td><td>联系电话</td></tr>
<tr><td></td><td></td><td></td><td></td><td></td><td></td><td></td></tr>
<tr><td></td><td></td><td></td><td></td><td></td><td></td><td></td></tr>
<tr><td></td><td></td><td></td><td></td><td></td><td></td><td></td></tr>
<tr><td></td><td></td><td></td><td></td><td></td><td></td><td></td></tr>
<tr><td></td><td></td><td></td><td></td><td></td><td></td><td></td></tr>
</table>

面试评分表

<table>
<tr><td colspan="2">面试人姓名</td><td></td><td>面试人电话</td><td></td><td>面试日期</td><td></td></tr>
<tr><td rowspan="2">职位</td><td>第一选择</td><td colspan="2"></td><td>面试考官一</td><td colspan="2"></td></tr>
<tr><td>第一选择</td><td colspan="2"></td><td>面试考官二</td><td colspan="2"></td></tr>
<tr><td colspan="7">考官评价</td></tr>
<tr><td colspan="3">考官一</td><td colspan="4">考官二</td></tr>
<tr><td colspan="2">外表</td><td>□劣□可
□常□优</td><td colspan="4">□劣□可
□常□优</td></tr>
<tr><td colspan="2">交流技巧</td><td>□沉默善于表达
□语言表达不流畅
□可以，但不正面
□正面，主动，积极表达清楚
□善于表达，语言有条理，令人信服</td><td colspan="4">□沉默善于表达
□语言表达不流畅
□可以，但不正面
□正面，主动，积极表达清楚
□善于表达，语言有条理，令人信服</td></tr>
<tr><td colspan="2">态度</td><td>□不友善□沉默少语
□友善，但不主动□友善又主动</td><td colspan="4">□不友善□沉默少语
□友善，但不主动□友善又主动</td></tr>
<tr><td colspan="2">原工作稳定程度</td><td>□不稳定
□可以
□稳定，离职理由充分
□十分稳定，转工作时慎重考虑</td><td colspan="4">□不稳定
□可以
□稳定，离职理由充分
□十分稳定，转工作时慎重考虑</td></tr>
<tr><td colspan="2">对工作热忱度</td><td>□对工作不太热忱，可有可无
□十分注重工资待遇
□可以
□十分积极、热忱</td><td colspan="4">□对工作不太热忱，可有可无
□十分注重工资待遇
□可以
□十分积极、热忱</td></tr>
<tr><td colspan="2">工作经验</td><td>□无□缺乏□丰富</td><td colspan="4">□无□缺乏□丰富</td></tr>
<tr><td colspan="2">资格技能</td><td>□无□部分□有</td><td colspan="4">□无□部分□有</td></tr>
<tr><td colspan="2">可到岗日期</td><td>□不清楚，待定□可以确定
□随时到岗</td><td colspan="4">□不清楚，待定□可以确定
□随时到岗</td></tr>
<tr><td colspan="2">待遇要求</td><td>□要求过高□符合公司要求
□较高，但有能力</td><td colspan="4">□要求过高□符合公司要求
□较高，但有能力</td></tr>
<tr><td colspan="2">总体评价</td><td>□劣质□常
□好□优</td><td colspan="4">□劣质□常
□好□优</td></tr>
<tr><td colspan="2">其他评价</td><td></td><td colspan="4"></td></tr>
<tr><td colspan="2">最后决定</td><td>□拒绝□考虑后通知
□进入复试□直接录用</td><td colspan="4">□拒绝□考虑后通知
□进入复试□直接录用</td></tr>
</table>

录用通知

________先生 / 女士

您好！首先感谢您对本公司的信任和大力支持。

非常荣幸地通知您，经过考核审查，本公司决定正式录用您为本公司员工。请您按照以下通知到公司报到。报到时请携带如下证件及资料：

身份证、学历证、职称证、一寸免冠照片 3 张。

另，接通知后，如您的住址等有变化，请直接与公司人力资源部联系。

1. 报到时间：　　年　　月　　日至　　年　　月　　日；

2. 报到地点：

3. 联系人：

4. 联系电话：

招聘申请书

年　月　日

申请部门				申请日期	需要日期	拟选择日期	拟选择方式	所需条件			工作内容	增补理由	批示情形
名称	编制人数	现有人数	拟增补人数					性别	年龄	学历经历			

人力资源变动申请表

<table>
<tr><td>姓名：</td><td>员工号码：</td><td>性别：</td><td>出生年月日：</td><td>编号：</td></tr>
<tr><td colspan="3">申请事项（例如雇用、升级、调动、辞职等）：</td><td>申请日期：</td><td>希望生效期：</td></tr>
<tr><td colspan="3">自职位名称：
薪阶及薪资：
服务部门：</td><td colspan="2">至职位名称：
薪阶及薪资：
服务部门：</td></tr>
<tr><td colspan="5">（如果雇用人员请将此栏填妥）
需要人数：
所担任之工作：

资历要求：
年龄：　　　　性别：
教育程度：
经验或特殊技能：
其他：</td></tr>
<tr><td colspan="3">申请人：
签名：
电话号码：</td><td colspan="2">批准人（部门经理）：
签名：
职位：</td></tr>
<tr><td colspan="3"></td><td colspan="2"></td></tr>
</table>

人员调动申请单

年 月 日

申请人员单位		所需协助人员	
申请人员协助原因			
起讫日期	自 年 月 日起 至 年 月 日止		
协助人员担任工作			
人力资源单位意见			

人员调职申请书

年 月 日

申请调职单位			调职人员姓名	
调职日期	年 月 日		调至单位	
调职理由				
单位主管对调职评议		人力资源单位意见		

停薪留职 / 辞职申请书

□停薪留职

□辞职

年　月　日

申请单位		申请人	□当事人　□主管　□代理人				
姓名		职务		到厂日期			
原因							
停薪留职期限				离职日期			
批示		人力资源部门		单位主管辖		直接主管	
移交手续集	有关部门移交			单位移交			
	办事项目	日期	签章	指示移交项目	接交人	监交人	
	财务						
	后勤						
	人力资源						
	……						

应聘人员复试表

应聘职位		面试人员姓名		日期 需要人数	
初试合格	人	复试人数	人	需要人数	人
姓名					
专业知识					
管理或工作看法					
工作积极性及领导能力					
发展能力					
要求待遇					
其他					
面试人员意见					

劳动合同模板

合同编号：

劳动合同

甲方（用人单位）：

名称： 联系电话：

法定代表人（主要负责人）：

地址：

乙方（劳动者）：

姓名： 身份证号码：

性别： 户籍所在地：

住址： 邮政编码：

联系电话：

甲乙双方为建立劳动关系，明确权利义务，依据《中华人民共和国劳动合同法》及有关法律、法规、规章，在平等自愿、协商一致的基础上，订立本合同。

第一条 劳动合同期限

经双方协商一致，本合同期限采取下列第____种形式：

1. 无固定期限：自____年____月____日起。其中（有，无）试用期，试用期自____年____月____日至____年____月____日。

2. 固定期限：自____年____月____日至____年____月____日止。其中（有，无）试用期，试用期自____年____月____日至____年____月____日止。

3. 以完成一定工作任务为期限：自____________起至____________止。

第二条 工作内容和工作地点

1. 甲方安排乙方的工作地点为：________。在本合同期内，如果甲方因客观情况发生变化要求乙方变更工作地点至外埠，甲乙双方需协商一致对工作地点予以变更。如果双方不能协商一致，甲方可以提前终止本合同但应提前三十日告知对方。

2. 乙方工作内容是______在______岗位从事______工作。甲方要为乙方提供必要的工作条件。甲方可以根据生产和工作需要及乙方的身体状况、工作能力和表现，调整乙方的工作岗位，甲方有权按照乙方的实际工作岗位调整其工资待遇。

3. 甲方因生产经营需要调整乙方的工作内容，应协商一致，按变更本合同办理，双方签字或盖章确认的协议书或依法变更通知书作为本合同的附件。

第三条　工作时间和休息休假

1. 甲乙双方同意按以下第______种方式确定乙方的工作时间：

（1）执行标准工时工作制，即每日工作时间不超过8小时，平均每周不超过40小时。

甲方由于工作需要，经与工会和乙方协商后可以延长工作时间，一般每日不得超过一小时；因特殊原因需要延长工作时间的，在保障乙方身体健康的条件下延长时间每日不得超过3小时，每月不得超过36小时。

（2）综合计算工时工作制，即经劳动保障行政部门审批，乙方所在岗位实行以：年（　）、半年（　）、季（　）、月（　）为周期的综合计算工时工作制。

（3）不定时工作制，即经劳动保障部门审批，甲方在保障职工身体健康并充分听取职工意见的基础上，应采用集中工作、集中休息、轮休调休、弹性工作时间等适当方式，确保职工的休息休假权利和生产、工作任务的完成。

2. 甲方因工作需要，经与乙方协商后可以延长工作时间。除《中华人民共和国劳动法》第42条规定的情形外，一般每日不得超过1小时，因特殊原因最长每日不得超过3小时，每月不得超过36小时。甲方依法保证乙方的休息权利。

乙方依法享受法定节假日以及探亲、婚丧、计划生育、带薪年休假等休假权利，乙方享受节假日，休假期间的工资按国家及省、市的有关规定执行：

第四条　劳动报酬

1. 乙方按甲方规定完成工作任务的，甲方必须依法定货币形式按时足额支付乙方的工资报酬，每月至少支付一次。其支付周期和时间为：________________________。

2. 乙方正常工作时间的工资标准（计算加班工资基数），按下列第（　）种形式执行，并不得低于当地最低工资标准及本单位集体合同约定的标准。甲方可根据实际经营状况、规章制度对乙方考核结果，以及乙方的实际工作时间、工作年限、奖罚记录、岗位变化等因素，调整乙方的工资水平。如果工作地点的当年度最低工资标准高于本条约定的标准工时工资，乙方的标准工时工资上调至工作地当年度的最低工资数额。

（1）计时工资。乙方工资标准为____元／月。

（2）计件工资。乙方的劳动定额为____，计件单价为____。

（3）其他形式：________________。

3. 乙方试用期工资为____元／月（不得低于第一款约定工资的80%或单位同一岗位最低档工资，并不得低于本地最低工资标准）。

4. 甲方依法安排乙方加班的，应按《中华人民共和国劳动法》第44条的规定支付加班工资。

5. 甲方应当在经济效益提高的基础上逐步提高乙方的工资水平。

6. 非乙方原因造成乙方停工的，甲方必须按当地政府规定支付乙方停工津贴或生活费。

第五条　社会保险及有关福利待遇

1. 双方必须依照国家和地方有关社会保险的规定，参加社会保险，按时足额缴纳社会保险费。

双方解除、终止本合同后，甲方必须按国家或地方规定为乙方办理有关社会保险的转移手续。

2. 乙方在合同期内因工负伤或患职业病，患病或非因工负伤和因工、非因工死亡及医疗期的待遇按国家和地方有关规定执行。

3. 女职工在孕期、产期、哺乳期的待遇，按国家和地方有关规定执行。

4. 甲方为乙方提供的补充保险和福利待遇为______________。

第六条　劳动保护和劳动条件

1. 甲方必须为乙方提供符合国家规定的劳动安全、卫生条件和必要的劳动防护用品，甲方应采取必要的防护措施保护乙方的身体健康和安全，对从事有职业危害作业的员工，甲方应当定期对其进行健康检查。

2. 乙方对甲方管理人员违章指挥强令冒险作业，有权拒绝执行；对甲方危害生命安全和身体健康的行为，乙方有权要求其改正，提出建议或批评。

3. 甲方应为乙方建立安全的生产工艺流程，制定操作规程、工作规范和劳动安全卫生制度及其标准。

4. 甲方负责对乙方进行政治思想、职业道德、业务技术、劳动安全卫生及有关规章制度的教育和培训。

第七条　违约责任

1. 甲方的违约情形及违约责任：

（1）甲方派乙方在本市内甲方关联企业执行同类工作任务或职责不视为违约和合同变更，如乙方同意，可按新的单位变更合同主体。

（2）甲方如未向乙方公示各项规章制度和劳动纪律，乙方有权要求查阅和公示。

（3）其他违约情形按法律，法规规定办理。

2. 乙方的违约情形和违约责任

（1）乙方保证在签订本合同时未与其他用人单位存在劳动关系，如因乙方违反此保证导致甲方被其他主体索赔，乙方应承担全部赔偿责任，甲方有权向乙方追偿全部损失。

（2）如乙方不能履行或违反甲方要求乙方完成的工作内容、工作任务及职责或乙方严重失职、徇私舞弊等均属于乙方违反劳动合同的行为，应承担绩效考评不利、降薪或调换工作岗位、除名、赔偿等后果和责任。

（3）如乙方不遵守或违反甲方规章制度，应按照甲方规章制度承担相应责任。

（4）乙方违反本合同约定解除劳动合同或违反本合同约定的保密义务或者竞业限制事项，对甲方造成损失的，乙方应按甲方损失的程度依法承担赔偿责任。

（5）若甲乙双方就培训费用、保密或者竞业限制等事项另行约定了违约金条款或签订了协议，双方应履行该违约金条款或协议。

（6）乙方解除本合同的，凡由甲方提供的专项培训费用对乙方进行专业技术培训的，应该按照服务期的约定向甲方支付违约金。

第八条　双方约定的其他事项

第九条　劳动争议处理

双方因履行本合同发生争议，任何一方可以向本单位劳动争议调解委员会申请调解；调解不成的，可以自劳动争议发生之日起60日内向有管辖权的劳动争议仲裁委员会书面申请仲裁。对仲裁裁决不服的，可以自收到仲裁裁决书之日起15日内向人民法院提起诉讼。

第十条　劳动合同的订立、履行、变更、解除、终止及经济补偿按《中华人民共和国劳动合同法》相关规定执行。本合同未尽事宜，按国家有关法律、法规规定执行。

第十一条　本合同甲乙双方各执一份，涂改或未经授权代签无效。本合同的附件是本合同的组成部分，与本合同具有同等的法律效力。

甲方（盖章）　　　　　　　　　　乙方（签字）

法定代表人或委托代理人（签章）

签章时间：　　年　月　日　　　　签字时间：　　年　月　日

Enterprise Management and Practice

Chapter 4

企业会议与活动管理

第一节 丨 企业会议具体工作

一、单位会议分类

按照开展会议的单位不同，其会议性质的划分也各有差异。总的来说，企业会议可分成三大类，分别为公司类会议、协会市场类会议和其他会议。

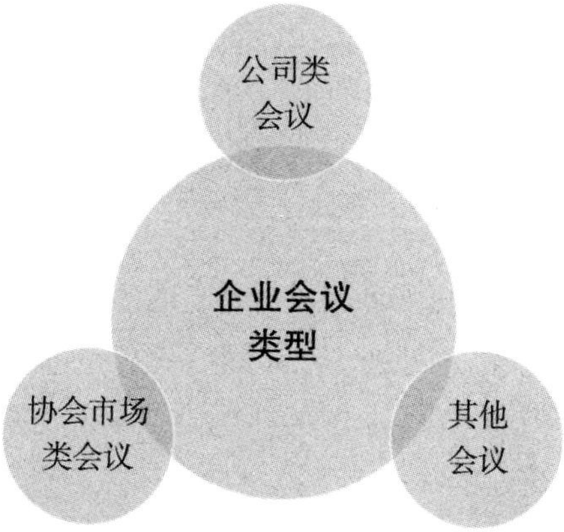

首先，我们来看公司类会议。公司类会议是单位会议中最常见的会议，其规模大小不一。大型会议可达到上千人，而小型会议却仅有数人。公司类会议主要是由管理者由上而下的信息传递，因此，公司内部消息传递的最便捷的方式就是会议。

公司类会议的数量庞大，具体可分为经销商会议、销售会议、管理者会议、技术会议和股东会议等。在相关机构进行会议统计时，最难统计的便是公司类会议。因大部分公司并不愿意将内部会议内容外传，所以被纳入统计资料的会议仅是冰山一角。

公司类会议的主题通常有管理、协调与技术等。

其次，我们来看协会市场类会议。

协会市场类会议在所有类型的会议里同样重要。从协会的人数、性质和市场的不同，可以分为小型地区性组织、省市级协会、全国性协会和国际性协会。

从协会的性质方面划分，大致分为企业专业和科学协会、企业行业协会和企业技术协会等类型。其中，企业行业协会是企业协议会议中最值得争取的市场之一。

参与企业行业协会会议的成员，绝大多数都是业内的成功管理人士，因此，这类会议通常与展览联合举办。比如我国大部分城市，每年都会定期举办“旅游交易会”，这种会议将吸引大批来自全国各地的旅游型企业参与。

最后，我们来看其他会议。

举办这类会议的典型代表是政府机关机构和工会会议，关于这类会议的召开要求很严，且条件较好。

在省市一级，中小规模的企业工会或政府机构所召开的会议相对频繁。根据会议规模的大小以及参会人数的多少，将其分成小型会议、中型会议、大型会议和特大型会议。

如果按照单位会议的活动特征进行划分，可以划分成商务型会议、展销型会议、专业学术会议和培训会议等。

商务型会议指的是一些企业因业务与管理方面的发展，需要在酒店召开的商务会议。通常情况下，出席商务型会议的人员素质较高，是企业中担任管理者或技术人员的专业人士。这类会议对酒店的设施、环境和服务要求都比较高，且消费标准高。

对于这类会议，在选择场地时，通常选择与公司消费能力一致或更高层次的饭店，如中小型企业通常选择当地经济实惠的酒店，大型公司与跨国公司通常选择星级的酒店，等等。这类会议的特点是效率高，会期短。

展销型会议指的是公司为了考察或推广产品而举办的产品交易会、展销会、展览会等各类会议。通常情况下，参会者都会入住开会的酒店，且住店时长与展览会期相当，一般为一到两天。同时，展销型会议还会在酒店举办诸如报告会、谈判会、招待会及签字仪式等活动。

专业学术会议指的是在某一领域内，具备一定专业技术的专家聚头交流的会议。比如各大企业联合举办的专题研究会、专家评审会等。

培训会议指的是用一段时间，专门对某个行业内的专业人员或新人，进行业务知识方面的技能培训。培训类会议通常采用讲座、演示等形式，将新观念、新技能、新知识等传授给相关人员。

二、具体会议分类

企业会议的类型众多，按其会议内容进行划分可分为“十大会议”。这十大会议分别是公司年会、专业会议、论坛、座谈会、讲座、研讨会、专题研讨会、公开讨论会、培训性会议和奖励会议。

公司年会可以说是企业最基本的会议之一。其目的是就某一特定的主题，号召公司上下所有员工开展讨论的聚会。年会上的议题涉及范围较广，如经贸、科学、技术等领域。通常情况下，年会包括一次集体性会议，以及若干个小组会议。

年会是企业周期性会议，最常见的周期为一年一次。年会的规模较大，参加年会的人员较多，需要根据公司的具体情况，租用大型宴会厅或会议厅，而小组会议则可选用小会议室等。

专业会议是技术型企业最常召开的会议，这种会议规模可大可小，需要按参会人数确定。专业会议通常是为了解决某个具体问题，因此对安排、服务、场地等并无硬性要求。

论坛会议的特点是反复讨论，通常会请企业的部门高管担任主持。论坛会议可以有很多听众，也可以有某些特定的小组。小组成员和听众可以就主持人抛出的问题发表各自的意见和看法。在召开论坛会议时，相关人员需要做好会前准备，比如准备多个话筒等。

座谈会是一种相对正式的企业会议。座谈会与普通会议相同，不管是个人参加，还是以小组为单位参加，其方法都是通过陈述和演讲，将自己的意见和想法表达出来。座谈会也需要一些预定好的听众，比如公司的员工等。

讲座是比座谈会更加正式的会议，讲座的组织性也更强。通常情况下，企业会请到领域内的一位专家进行讲演，也不会设置观众的提问环节。讲座的规模可大可小，具体需要依据公司的需求决定。

研讨会又被称作专家讨论会，以讨论会的形式召开会议，通常能为参会者提供平等交换意见的机会。也能将企业的知识和经验广泛分享给参会者。研讨会通常规模较小，但也很容易变成规模较大的专题研讨会。

专题研讨会的会议形式，指的是专门处理特殊问题，或专门进行特殊任务分配的一般性小组会议。参加专题研讨会的人员通常具备较高的专业技能技巧，也希望在专题研讨会上互相学习，分享新的知识与技能。

公开讨论会顾名思义，是就某一类问题进行公开讨论的会议。公开讨论会需要两位以上的参会者提出观点，并与小组成员或观众一起进行公开讨论的研讨会。一般来说，公开讨论会是大型会议的一部分。

培训会议多见于大中型企业，会议周期短则一到三天，多则一周至三月。此类会议需要特定的场所，且培训内容需要高度集中，主导会议的通常为某个领域的专业教授。

奖励会议是公司为了对员工的出色工作表现进行表彰或奖励，而特别召开的会议。此类会议通常规模较小，人员集中，且持续时间较短。

三、会议通知类型

（一）汇报会议通知

××××集团公司关于召开物资工作会议的通知

直属公司的各厂、院：

我司为贯彻全国经济工作会议精神，决定于4月15日召开××××集团第4年度物资工作会议。现将有关事项通知如下：

一、会议时间：2019年4月15日至19日，会期5天，4月14日晚七点前报到。

二、会议地点：上海××宾馆（上海××区××路×××号）。

三、会议内容：

1. 贯彻我国经济工作会议，贯彻总公司第7次会议，以及固定资产投资工作会议精神。

2. 总结2018年物资供应工作经验，进行经验交流和表彰奖励。

3. 部署2019年物资供应工作。

四、参加会议的人员名单见附表。不能参会的人员，请于4月8日前报到公司经理部。

五、4月14日报到当天，公司在浦东机场进行全天接站。乘坐火车的人员，凭传真、电话接站。参会人员请于4月5日前，将到达日期及所乘车次、航班告知公司经理部。

六、请各单位按会议内容做好以下准备：

1. 本单位贯彻落实总公司实行统一组织订货的做法、经验、体会；

2. 对进一步深化物资流通体制改革的意见和建议；

3. 本单位2019年物资需求计划。

七、联系人：王某

联系电话：

（××集团公司印章）

2019 年 3 月 10 日

不同类型的会议，对参会人员有不同的需求。有的会议在开始前，需要相关人员准备汇报的材料。对于此类汇报会议的通知工作，应当提前对参会人员进行通知，要求企业与会代表准备汇报材料。给会议单位人员留有充足的准备时间，才能提高汇报会议的质量。

比如案例中的《××集团公司关于召开物资工作会议的通知》，其成文时间是 2019 年 3 月 10 日，距离 4 月 15 日的会议召开，准备时间是绰绰有余的。

此外，这份《通知》的正文部分交代清了会议组织者、开会原因、开会场地、开会时间等。这份《通知》还具体到了会议时间和报到日期、会议内容、参会人员名单、接站安排、应准备的汇报资料内容、联系人、联系电话等。

可见，案例中的通知属于复杂性会议通知。这份《通知》的正文在 400 字上下，文字简练、内容全面、条理清晰。而且，这份《通知》中几个时限的确定也都是有讲究的。

2019 年 3 月 10 日发文，距开会有 37 天，其时间、空间都足够相关人员做足准备。《通知》要求 4 月 8 日前确定人员，此日期距发文 29 天，距开会 8 天。这个时间不仅能让与会人员有足够时间确定参会与否，也能让行政人员调配酒店、车票、机票、接站车辆等会务安排。

当然，这份汇报会议通知要求参会人员在 4 月 5 日前，将到达日期及所乘车次、航班上报。这个日期距开会 10 天，是为了防止个别人员因事不能参加，导致临时生变。

从会议通知看，参会人员是来自各个分公司和子公司的代表，会议组织者需要调配足够数量的车辆、司机、秘书、接待等。提前把事情确定好，才能让会议顺利召开。

（二）告知会议通知

关于召开2019年石油产品订货会函告

各用户单位：

我公司计划于2018年12月，在珠海召开2019年石化产品订货会。为保证会议顺利实施，现将有关事项函告如下：

一、会议时间：2018年12月15日至18日，会期4天。12月14日报到。

二、会议地点：珠海××宾馆（珠海市××区×××东路××号）。

三、参会名额：因会议场所与住宿条件有限，各参会单位选派的会议代表名额以不超过2人为限，请勿超员。参会人员名单请于12月5日前，以电子邮件或传真方式，将回执发送到我公司供销公司经理办公室。

四、接站安排：会议代表请在12月10日前，告知我公司供销公司经理办公室到达珠海的日期及所乘车次、航班。12月14日当天，珠海机场全天接站。乘坐其他日期航班飞机的以及火车的人员则凭电子邮件、传真或电话通知接站。

五、资料准备：请各单位参加会议代表提前做好相关准备。如有可能，请提前将贵单位2018年计划需我公司供应的产品种类、数量明细表，与贵单位参加会议人员名单回执一起通过电子邮件或传真发至抑或通过普通邮件寄至我公司供销公司经理办公室，以便我们及早做好产品供应平衡工作。

六、联系方式：

1. 联系人：李某

2. 电话：

3. 传真：

4. E-Mail：

5. 邮编：

（××石油股份有限公司印章）

2018年11月5日

从通知书中我们不难看出，其正文部分的“通知缘由”“通知事项”以及“执行要求”写得面面俱到。这份通知书的拟稿者替参会者和会议思虑得甚为周全，还与时俱进地使用了诸如电子邮件这类快捷、准确的联系方式。

值得一提的是，根据国务院发布的《国家行政机关公文处理办法》有关规定：行政机关的公文（包括电报），是行政机关在行政管理过程中形成的具有法定效力和规范体式的文书，是依法行政和进行公务活动的重要工具。适用于批转下级机关的公文，转发上级机关和不相隶属机关的公文，传达要求下级机关办理和需要有关单位周知或者执行的事项、任免人员。

根据相关规定，“通知”为法定公文中的一种。案例中的 ×× 石油股份有限公司，和其用户单位之间并不是隶属关系。因此，×× 石油股份有限公司没有权利对用户单位发送任何类型的通知。

既彼此不属上下级关系，就只能用“适用于不相隶属机关之间商洽工作，询问和答复问题，请求批准和答复审批事项”的“函”告知有关事宜。

因此，《通知》的标题“关于召开 2019 年石油产品订货会函告”是十分恰当的。此外，案例中改的通知书多次用到“请”“贵单位”等敬辞，这样既凸显出双方的平等关系，也符合“函告”这一文种的特殊要求。

（三）表格式通知

公司领导班子中心组学习通知

定于 2019 年 2 月 28 日进行公司领导班子中心组学习，具体事项通知如下：

一、学习时间：2 月 28 日（星期六）上午 9：00

二、学习地点：公司大楼 3302 会议室

三、主持人：姜某

四、参加人员：全体公司领导

五、列席人员：组织部、宣传部、公司纪委、党办负责人

六、学习内容：

×××石化有限责任公司办

×××石化股份有限公司办

2019年2月26日

格式固定、出手快捷的表格式会议通知是很多单位都青睐的通知方式。

其中，“学习地点”“主持人”“参会人员”“列席人员”都是不必修改的内容。“学习时间”中的年、月、日、时等时间单位也不必改变，在书写表格式通知时，书写人员只需要改变月份、日期、星期、上下午和钟点数即可。在整个表格中，只有“学习内容”需要根据不同的要求具体书写。表格式通知印好后，只需填上落款即可发送。

表格化会议通知的优点是书写简单，即填即成，接到通知的人也能一目了然。表格式通知效率高、效果好，极大减轻秘书工作的劳动强度，表格式通知也是企业内部经常使用到的通知之一。

（四）邀请函式会议通知

邀请函

×××公司：

兹定于2018年9月19日起在××市召开2018年××产品用户座谈会。谨邀贵单位一名代表参加。

具体通知如下：

1. 报到时间：2018年9月18日

2. 会议地点：

3. 会务费：______元/人

请贵单位尽快回复与会代表名单，以便预订飞机票。

联系人：刘某

联系电话：

会议通知如果以邀请函形式出现，实际上是对会议起“通知”作用，这种邀请函比告知通知的内容简单，其标题也省略了发文机关名称，同时对通知的事情与内容也做了简化。这种通知是明确的“函”式通知。

邀请函的正文拟写容易，简单明了，能把复杂的会议通知变为简单的函式通知，这类通知也给探索公文制作模式的人员提供了有益的启示。

第二节 I 会议流程及服务安排

一、会议前准备

“小刘，你怎么还没把会议安排弄好？”王总看着手忙脚乱的小刘怒气冲冲地斥责道。

小刘一边在电脑前忙得焦头烂额，一边向王总解释：“对不起王总，我也想赶紧把会议安排弄好，但我向办公室参会人员询问时间时，大家一点都不积极配合，到现在我还没确定好参会人员名单……”

“什么？马上就要开会了，你连参会人员都没确定下来？”王总看着小刘，一脸的恨铁不成钢。

小刘支支吾吾地还要解释什么，王总大手一挥打断了他的话：“行了！你去跟人力资源部说一声，明天不用来上班了。”

案例中的秘书小刘，出现的最大问题就是没有做好会前准备。那么，会前准备都需要做些什么呢？

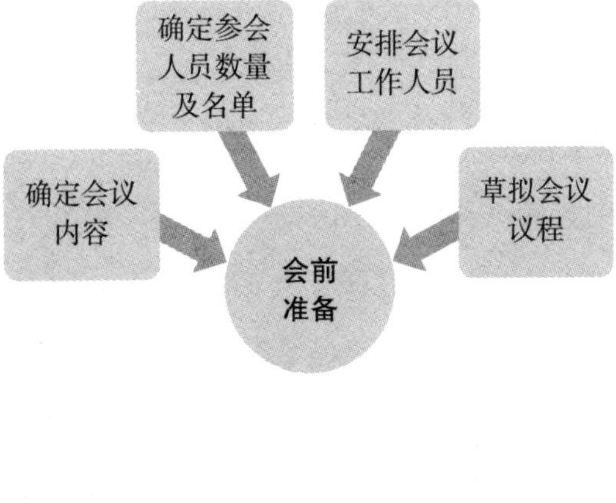

首先，当相关人员收到会议通知时，需要问清楚会议服务的具体要求，然后将具体安排转告给会务人员，方便会务人员做好会前准备工作。

其次，确定参会人员人数名单，并根据参会人员的具体情况，适当调整会议规模，选择会议场地，并提前对会场的各项设施认真检查，减少问题的出现。案例中的小刘就是没有做好参会人员的名单确定。对会务人员来说，直接向参会人员发送会议通知，并定期收取回执即可，不必一一询问每名员工，这样只会事倍功半。

再次，经由上级领导批准后，草拟会议议程，并分发给所有参会人员。会议议程即本次会议的内容概略安排，此议程中，应包括会议的主题、时间、地点、内容等。会务人员需要安排具体事项，并在开会之前，把会议议程及时传达给参会人员。

最后，合理安排会议所需工作人员。

对于会议上的工作人员大致有以下 4 点要求。

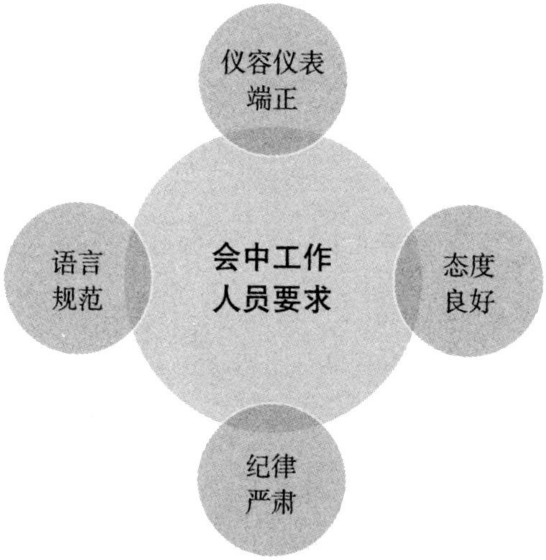

首先，仪容仪表要端正。

工作人员需做到着装统一整洁，不穿拖鞋；负责接待的人员短发不能遮眼，长发需梳成马尾辫，或盘成发髻在脑后；女工作人员需化淡妆，不浓妆艳抹，不佩戴首饰；坐姿、站姿都要规范端庄，禁止跷腿抖腿。

其次，语言要规范。

工作人员的语调应温和亲切，音量适中，使用普通话交流，不要出现方言俚语；话语要做到文明礼貌，需使用“您好”“您请用”“请”“谢谢”“对不起”“没关系”等礼貌用语；对参会对象主动打招呼，禁止漫不经心、粗言粗语、大声喧哗。

再次，态度要良好。

工作人员需敬业、勤业、乐业，精神饱满，彬彬有礼；服务时要做到微笑服务，态度诚恳、热情、周到；如遇到工作差错失误，应及时纠正并当面赔礼道歉；向服务对象解释问题时要做到有礼有节。

最后，纪律要严肃。

工作人员在会议服务前不吃异味食品；不在会议期间使用电话；服务过程中尽量不打哈欠、喷嚏；严格遵守职业道德。

二、会议具体准备内容

会务工作人员在会议召开的前一天，需要通过文件、电子邮件、电话等形式，从各参会人员处取得回执。其目的是确定参会人员明确会议的时间、地点及其他具体注意事项。

当有重要会议召开前，应做好必要的彩排准备工作。如果在会议期间有演讲环节或电子演示环节，则需要保证使用者的稿件以及电子演示文档的格式规范统一。会务人员需要多次测试投影仪，确保电子设备使用正常。

当有招待需求的会议召开时，采购的水果及饮品等要提前一天准备好。采购会议用品时，要按照参会人员的数量，以及会议规格大小合理购买，通常会预备得稍多一些。

如果在会议结束后，另有宴会、活动等安排的，则需要提前确定宴会、活动的时间，选好场所，并根据公司的实际接待预算金额来确定菜单。对于宴会中所需要的酒水饮品，也应提前从他处采购。

会务人员应按照参会人员名单制作名牌，名牌的要求是以红底或白底纸张做基础，上面书写单位名称、参会人员姓名及职位。名牌制作时要注意文字大小，名牌的纸张裁剪规格为 8.5cm × 15.11cm，使用双面三角架摆放名牌。

会场的座次安排也有讲究。首先，座次摆放要分清主次，特别是有贵宾参与的会议。其次，小规模会议的座次安排更要妥当。最后，座椅的数量应按出席人数摆放，并多预留 2~4 位。

会务工作人员进行会场布置。

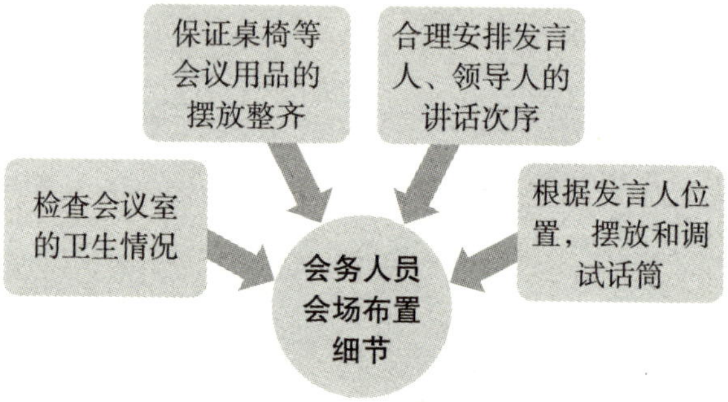

会务人员需要检查会议室的卫生情况，如桌子、椅子、地板、地毯、杯子、水壶等物，以确保会议室和会议用品的清洁整齐。会务人员还需根据参会人员的人数，提前摆放好演讲时要用的桌椅、横幅、会标、名牌、签到桌、指示牌、会议议程以及其他要用的文件。

采用拉线的方式，保证桌椅等会议用品的摆放整齐。在摆放花卉花束时，会务人员要把握好尺寸，如椭圆长桌的中间空地需要有大面积花卉，在会议室角落和会议桌上，也需要定做鲜花花束，但不可过大过高。花卉颜色的选用，可按照会议主题决定。

会务人员需根据会议议程，合理安排发言人、领导人的讲话次序，其他会议物品以及是否需要音乐、投影仪等，及时检查确保所需物品的齐全，做好会议前的准备工作。

会务人员需要根据发言人位置，摆放和调试话筒，确保话筒的高低、音量及接口等符合发言人的需求，确保话筒及音效正常。如在会议过程中需要音乐，会务人员需要提前试播，确保正常播放。

高级会议所需品要按以下要求摆放：

在参会人员座位的正前方，需要将名牌与座次牌按顺序摆放，参会人员右手正前方的茶水杯需将杯把旋转到右侧 45 度，靠近水杯位置需摆放消毒湿巾或毛巾。

在参会者桌子的正前方，需要摆放会议议程、笔记本、会议资料及其他与会议相关的纸质文件，要注意桌面整齐划一，不可过于拥挤、杂乱。右侧则摆放黑色签字笔。

在会议开始前的一个小时，会务人员要保证会议中所需热水充足，在会议进行时，也要注意始终将水壶蓄满。

会务人员进行准备工作的检查，需要至少提前一小时，以便检查会场的整体效果，确保各项工作到位。

准备工作完成后，会务人员需要确认场外有无参会人员签到处。签到处需要设置在入口明显的位置，现场工作人员应双手自然交叠在腹前，面带微笑地恭候光临。

距会议室门 2 米处，工作人员需要主动拉门让参会人员进入，并根据对方不同的身份和年龄，使用相应的敬语问候，同时注意“早上好”“下午好”等文明用语的运用。

三、会议服务与结束礼仪

在会议开始之前，工作人员需将各座茶水斟倒完毕，如在会议过程中需要毛巾，工作人员要注意用夹子，不能直接用手拿给参会人员。

首次倒茶后，工作人员应在 15 分钟后进行续水工作。续水工作应每隔 15 分钟或 20 分钟进行一次，如参会人员的杯中还有茶水，则应该征询参会人员意见：

“对不起，请问需要加水吗？”

在询问过程中，语气应当礼貌并低声，不能影响到会议进程。最好提前做个手势，等对方同意后再进行。

工作人员可根据现场的实际情况，比如领导杯中水的水量，来灵活掌握续水时间。

在音控室时工作的会务人员，应随时查看音响监听设备，随时发现问题、查找问题，并迅速解决问题。检查话筒、调音台、协调器、音响等设备的连接情况也是会务人员的分内工作。

在开会过程中，会务人员需要根据会议议程，关注每位发言人的顺序，并及时将话筒递给相关人员。如果遇到话筒突然失常的情况，则需要迅速更换备用话筒。

会务人员要注意观察主席台，如果发现领导有需要帮助的手势或形式，则需及时上前询问。如果会议过程中播放国歌、国际歌等肃穆歌曲，所有工作人员都要放下手中的活计，站立原地行注目礼，不能随意走动。

如遇到参会人员的特殊要求，在能力范围内的，应尽量给予解决。如不能解决参会人员的特殊要求，需要请其稍等，然后立刻向自己的上一级汇报，并尽快给予参会人员答复。

会议中间休息时，工作人员要整理会场，及时补充、更换各种会议用品。

在会议进行时，工作人员与会务人员不能随便出入会场，要维持会场的安静秩序，让会议能在不被打扰的环境中顺利进行。

在会议结束时，工作人员要做到心明眼亮，适时打开通道大门，并站立在两侧礼貌相送，微笑点头，使用“慢走”“再见”等礼貌用语。

工作人员需要在会后及时做好清理工作，主要是检查有无参会人员遗留下的物品。如果发现遗留物品，应当做好相关记录，并及时通知归还对方。

工作人员应在每次会议服务结束后，对会议的全程内容做出整理，对会议上使用的照片及影像等资料进行收集，以备日后需要。同时要注意总结每次会议服务的优缺点，不断地修正与改进。

第三节 | 企业行政公文管理实操

一、企业行政管理主要内容

公司里的行政管理可以说是一个相当庞大的系统工程。大到管理公司亿万资产，小到管理纸张等办公用品，这些都是行政管理所包括的。

行政管理部门按照工作属性，大致可分为以下几类。

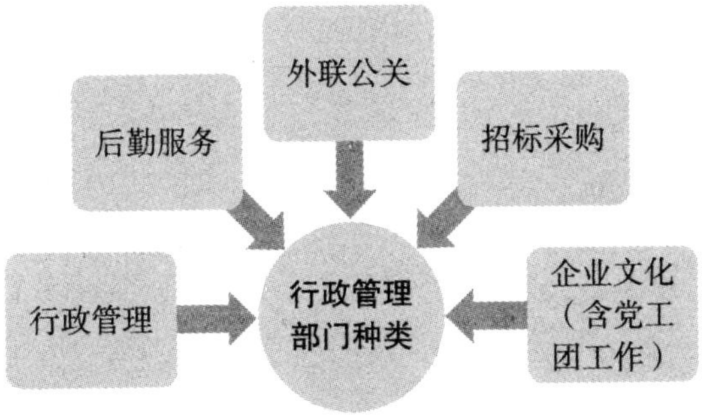

首先是行政管理：行政类工作主要有公文管理、档案管理、执照管理、宣传管理、印章管理、合同管理、办公现场秩序管理等；

其次是后勤服务：后勤事务工作主要有办公用品管理、车辆管理、防水防火防盗管理、宿舍管理、网络管理、卫生管理、固定资产管理、低值易耗品管理、通信管理等；

再次是外联公关：与政府、合作单位等接洽；

再者是招标采购；

最后是企业文化（含党工团工作）。

当然，每个公司的行政管理具体也要按照公司的规模大小而定。

不管哪个企业的行政部门，其职责都包括以下 8 种。

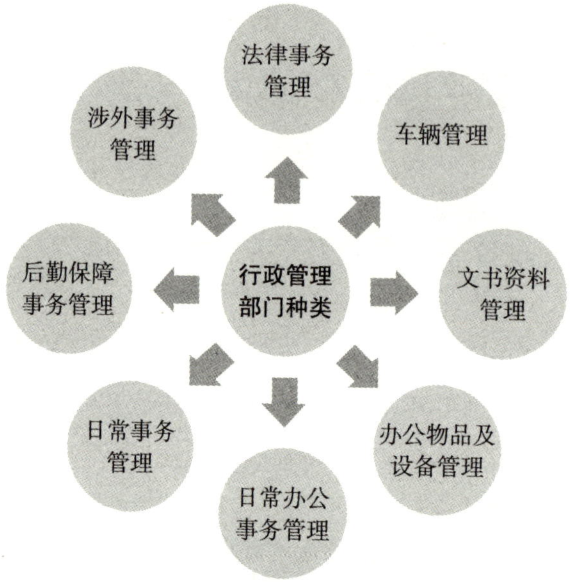

1. 日常办公事务管理：其中包括公司各种日常办公的计划、组织、协调与控制；包括对会议的组织、协调、记录与传达。

2. 办公物品及设备管理：负责对办公物品及设备的保管、发放、采购与对使用制度进行制定；办公设备的日常保养与故障维修；办公物品的保管、发放、使用。

3. 文书资料管理：文书及公文的起草、收取、传达与处理；建档、保管与借阅公司的各类档案、书刊；做好文书资料和内部信息的保密工作。

4. 车辆管理：行政管理部门需要安排公司车辆的年检、保养、日常维修等工作；需要对司机人员进行安全驾驶教育、考勤等日常管理；需要对办公车辆进行调度管理。

5. 法律事务管理：协助处理日常涉法事务及管理合同；代理企业涉讼案件；审议合同的合法性，保障企业的合法利益；参与企业重大合作项目和重大业务项目的谈判。

6. 涉外事务管理：企业对外宣传、公关联系；来客接待事宜管理，包括前台接待、客人来访登记与迎送等；牵头组织危机管理委员会，制定危机处理预案。

7. 后勤保障事务管理：企业日常安全保卫及消防管理；企业员工食堂、宿舍的日常管理；企业环境绿化、卫生和厂区及宿舍财产、员工安全管理；维持企业水、电等动力系统的正常运行及相关设施维修。

8. 日常事务管理：对员工生活福利、安全保健、卫生等方面的管理；组织员工开展各种形式的活动。

二、企业公文管理规定

企业公文管理规定指的是企业内部及与其他组织之间，为了处理组织内外事务而形成各种来往与记录的文本。

因此，企业公文管理规定可以说是让企业不断进步的敦促者，其目的是让企业的公文处理工作规范化、制度化。因此，企业需要结合自己的实际情况，来制定适合公司发展的公文管理规定。

通常情况下，公司使用的公文种类有以下几点：批复、通报、决定、会议纪要、规定、工作志、章程、条例、公告、工作简报、大事记、请示、函、通知、通告、报告、决议、制度。

在公文格式上，可把公司的公文分成 4 大类，即红头文件、内部通告、会议纪要、工作报告。

首先，我们来看红头文件。红头文件的适用范围主要是印发制度与规定，它是负责重要工作计划、机构与人力资源异动等的重要文件。在直属公司管辖的公司一级部门，所有的红头文件必须誊抄上报公司领导，同时抄送至公司的人力资源行政部，公司二级及以下部门不得印发红头文件。

其次，我们来看内部通告。内部通告的适用范围主要是公司内部的日常事务性工作，或者公司内部工作联络的公司及部门一般性文件。

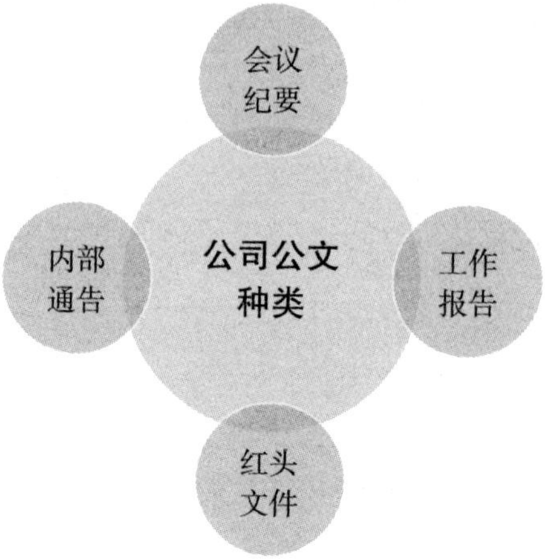

再次，我们来看会议纪要。会议纪要的适用范围主要是记录公司或部门经营，以及重要的工作内容和决议的文本。

最后，我们来看工作报告。工作报告的适用范围主要适用于下级机构向上级机构的定期汇报。下级机构会将工作情况与工作计划，向上级机构进行提出。公司的工作报告通常分成工作周报、工作月报、年度工作报告 3 种。

除有专门规定外，公司公文的处理时限通常为 2 个工作日，每个审核与审批环节的时限都是 1 个工作日。此外，紧急公文也需要即时处理。

公文的处理程序通常分为公文阅处、公文签发、公文分送、公文反馈与跟踪、公文清理存档销毁五个阶段。

公文阅处即公司领导在收到公文后，需在公文上给出处理意见，对公文进行签发或批复。

公文签发的签发权限为公司的董事长、公司总经理及副总经理等高管，在其权限范围内，可以用公司的名义签发红头文件、内部通告等公文；各部门的相关负责人需要在规定权限内，用本部门的名义签发出公文。

以公司名义行文的公文，签发方式是经审签后，盖本公司的公章发出，在公司内部行文，也可以通过签发人签名的形式发出。

公文分送方面，公司主要采用邮递、传真、签收、电报、电子邮件等发送方式。通常情况下，在发送公文时应采用签收方式，尤其是公司的机密公文及人力资源资料等重要公文，更需要将信封封口，遣专人专送。至于其他方式的分送公文，则应由分送人做好跟踪与记录工作。

收件的工作人员需要将公文进行核定，如信封、文件、文号和密字等。如果发现其中的一项不对，就应当即刻通知发文机构，登记出错的文件。对那些封口已经被撕毁的公文拒绝签收。如果发现公文在格式或内容上存在较大错误，则需退回原部门重新拟写。在工作中，相关人员也应当积极、准确、快捷地把公文事务处理好，同时严格遵守公司的保密制度，不将公司的秘密外泄出去。

再看公文反馈与跟踪。在人力资源行政部接到公司领导的批示后，需要尽快把批示件与原件反馈给拟办部门，同时注意将批示件的复印件进行保存。

最后来看公文的清理、存档与销毁。公司各部门的文员，以及相关的工作人员都应对收发的公文进行每周一次的整理。对于那些有存档价值的公文，则需按照公司档案管理制度的规定，向相关管理部门移交档案。

附录：企业会议活动管理基本表单

会议申请表

申请部门：　　　　申请人：　　　　申请日期：

<table>
<tr><td>会议名称</td><td colspan="3"></td></tr>
<tr><td>会议召开地址</td><td></td><td>会议召开时间</td><td></td></tr>
<tr><td>会议所需设备</td><td colspan="3"></td></tr>
<tr><td>拟参会人员</td><td colspan="3"></td></tr>
<tr><td>公司领导（请打勾选择）</td><td colspan="3">□董事长　□总裁</td></tr>
<tr><td>拟讨论事项</td><td colspan="3">1.
2.
3.
4.
5.</td></tr>
<tr><td>会议资料准备情况（打勾选择）</td><td colspan="3">1. □需董事长或总裁事先阅读的文件是否已经备妥
2. □需要提交讨论的文件是否已经备妥</td></tr>
<tr><td>总裁办或指定人意见</td><td colspan="3"></td></tr>
<tr><td>总裁意见或批准</td><td colspan="3"></td></tr>
<tr><td>董事长意见或批准</td><td colspan="3"></td></tr>
</table>

会议室使用申请表

年　月　日

<table>
<tr><td>日期</td><td>时间</td><td>会议名称</td><td>主持人</td><td>地点</td><td>人数</td><td>备注</td></tr>
<tr><td></td><td></td><td></td><td></td><td></td><td></td><td></td></tr>
<tr><td></td><td></td><td></td><td></td><td></td><td></td><td></td></tr>
<tr><td></td><td></td><td></td><td></td><td></td><td></td><td></td></tr>
<tr><td></td><td></td><td></td><td></td><td></td><td></td><td></td></tr>
<tr><td></td><td></td><td></td><td></td><td></td><td></td><td></td></tr>
<tr><td colspan="4">申请使用单位</td><td colspan="3">管理单位</td></tr>
<tr><td>名称</td><td>填表人</td><td>主管</td><td>管理人</td><td>办公室</td><td>主管领导</td><td></td></tr>
<tr><td></td><td></td><td></td><td></td><td></td><td></td><td></td></tr>
</table>

会议室使用登记表

<table>
<tr><td>会议名称</td><td colspan="2"></td><td colspan="2">人数</td><td></td></tr>
<tr><td>使用部门</td><td colspan="2"></td><td colspan="2">负责人</td><td></td></tr>
<tr><td>会议时间</td><td colspan="2"></td><td colspan="2">会议地点</td><td></td></tr>
<tr><td rowspan="2">会议室检查情况</td><td colspan="2">是否有损坏</td><td colspan="2">□有
□无</td><td>损坏明细
填入下栏</td></tr>
<tr><td colspan="5"></td></tr>
<tr><td>使用部门负责人</td><td></td><td>办公室</td><td colspan="2"></td><td>时间</td></tr>
</table>

注：1. 使用部门如需要饮用开水和茶叶等，请自行准备。

2. 非工作人员请不要随意使用有关设备。

3. 请不要在桌椅上写画、敲击和刻画，请不要改变会议室设备、家具的位置，爱护会场设施（包括：麦克风、桌、椅、投影仪、屏幕、空调设施等）。

4. 使用完毕后，使用部门负责清洁会场，并将登记表交至行政办公室。

会议通知书

会议名称：　　　　　　　　　　　　　　　　　　　　编号：

收文部门			
会议主持人		副本收受人签名	
开会事由			
开会时间	年　月　日（星期　）　时　分		
开会地点			
出席部门及人员			
备注			

会议议程表

会议名称：　　　　　　　　　　　　　　　　　　　　年　月　日

项目	程序	负责人	使用时间	备注
第一项	签到（签到后，领取相关资料）	总裁办或指定人员	__点__分至__点__分 共计 10 分钟（会前）	
第二项	主持人简要说明本次会议主题		__点__分至__点__分 共计____分钟	主持人需征询领导是否致辞
第三项	报告事项		__点__分至__点__分 共计____分钟	需准备附件（相关报告人员均需备妥）
第四项	讨论事项（包括前次会议遗留事项和本次会议预定讨论事项）		__点__分至__点__分 共计____分钟	需准备附件
第五项	临时动议		__点__分至__点__分 共计____分钟	
第六项	散会			

会议签到表

会议主题		召开时间	
主持人		召开地点	
参加人员			
签到			

会议纪要表

会议名称：
时间：
地点：
出席：
列席：
请假：
主持人：

记录：

报告事项：
1.
2.
决定：

讨论事项：
1.
决议：
2.
决议：

临时动议：
某某提议：
决议：

记录人： 时间：	审核： 时间：	总裁： 时间：

会议记录表（一）

编号：

开会时间：
开会地点：
会议名称：
主持人：
参加人员：
记录：
出席人员：
主持人报告：
讨论事项及结论：

会议记录表（二）

编号：

时间		地点		主持人		记录人	
会议名称							
参加者							
主要议题	对策措施	期限	负责人	追踪情况（时间）			

红头文件格式基本规定

公司红头文件由文件头、发文字号、标题、秘密等级、紧急程度、主送机构、正文、附则、印章、发文时间、主题词、抄送抄报机构、附件等部分组成。

1. 文件头：适用于公司或一级部门重要文件，全称为“公司文件”，红色字体，黑体加粗，小初字号。

2. 发文字号，包括机构代字、年号、顺序：宋体，四号字；适用公司文件，代表“某公司”，“财、行、人、工”等分别代表一级部门文件；〔2019〕01号代表2019年1号文件；公司文件编号由董事长办公室统一编号，行政部存档。

3. 标题：黑体加粗，小三。应当准确、简要地概括文件的主要内容，一般应标明公文种类，除印发规章制度和批转文件外，一般不加书名号，如“关于下发红头文件格式的通知”。

4. 秘密等级、紧急程度：秘密等级分“普通、机密、绝密”，紧急程度分“紧急、急、普通”，如为“普通文件”则无须加标注框。

5. 主送机构：宋体加粗，四号字体。

6. 正文：宋体，四号字体。

7. 附件：文件如有附件，应在正文之后注明附件名称和顺序。

8. 印章：公司文件落公司全称并盖章，部门文件落部门全称并盖章。

9. 主题词：文件主题词一般包括3～5个词语或词组，最多不超过七个。第一个词语是按工作性质作分类概括，一般用“董办、工程、人力资源、财务、营销、审计监察、客服、招商”等。中间的词语一般是概括该文件的主要内容，大都从标题中抽取。结尾词语是说明该文件所属公文种类。

10. 抄报抄送：抄报为发文的上级机构、抄送为发文的平行机构。

会议决定事项催办表

编号	通字（　　）号		催办人		
催办内容		催办日期			
受催部门		联系人		联系电话	

会议决定事项实施管理表

年　月　日

决定事项			同意			
单位	执行负责人	实施目标、实施日期等			评价	
各部门每个月的实施检查表						
月	实施目标		评价	月	实施目标	评价
1				7		
2				8		
3				9		
4				10		
5				11		
6				12		

企业年会计划表

会议名称		
开会地点		
开会日期		
开会时间		
会议宗旨及议题		
与会单位		
人数		
主持人		
会议召集单位		
会议主要工作人员		
与会者应备资料		
会场资料		
会场拟分发资料		

公文处理单

<table>
<tr><td>公文名称</td><td colspan="3"></td><td>来文编号</td><td></td></tr>
<tr><td>来文单位</td><td colspan="3"></td><td>来文时间</td><td></td></tr>
<tr><td>拟办人</td><td></td><td rowspan="2">拟办意见</td><td rowspan="2" colspan="3"></td></tr>
<tr><td>拟办时间</td><td></td></tr>
<tr><td>阅批人</td><td></td><td rowspan="2">阅批意见</td><td rowspan="2" colspan="3"></td></tr>
<tr><td>阅批时间</td><td></td></tr>
<tr><td>承办部门</td><td></td><td rowspan="3">承办意见</td><td rowspan="3" colspan="3"></td></tr>
<tr><td>承办人</td><td></td></tr>
<tr><td>承办时间</td><td></td></tr>
</table>

发文审批单

<table>
<tr><td>拟稿部门</td><td colspan="2"></td><td>公文编号</td><td colspan="3"></td></tr>
<tr><td>拟稿人</td><td colspan="2" rowspan="2"></td><td colspan="2" rowspan="6">会签：</td><td colspan="2" rowspan="6">签发：</td></tr>
<tr><td>日期</td></tr>
<tr><td>审核人</td><td colspan="2" rowspan="2"></td></tr>
<tr><td>日期</td></tr>
<tr><td>文字校核</td><td colspan="2" rowspan="2"></td></tr>
<tr><td>日期</td></tr>
<tr><td>标题</td><td colspan="6"></td></tr>
<tr><td>附件</td><td colspan="6"></td></tr>
<tr><td>主送</td><td colspan="6"></td></tr>
<tr><td>抄送</td><td colspan="6"></td></tr>
<tr><td>紧急程度</td><td></td><td colspan="2">密级</td><td></td><td>印数</td><td>份</td></tr>
</table>

来文登记表

来文日期	文件编号	文件名称	页数	处理情况	纸质存档	电子版存档	备注

Enterprise Management and Practice

Chapter 5

企业团队建设管理

第一节 | 企业团队的概述

一、企业团队建设的概念及内容

所谓团队建设，是指为了优化团队行为，实现团队绩效，以及产出最大化，而进行的一系列结构设计和人员激励行为。团队建设的主要形式是建立自我管理小组，每个小组由几名员工组成，小组的主要任务是完成工作的整个过程或是其中一部分。

团队建设过程中，小组成员应该进行有效沟通，通过共同工作来改进产品和服务，并处理日常工作中遇到的问题。在整个过程中，所有参与者都需要彼此信任、真诚相待，充分发挥自身的工作积极性。

企业管理者在进行团队建设时，一定要注重团队精神的培养。团队精神就是大局意识和协作精神的综合体现，团队精神的形成以尊重个人的兴趣和能力为基础，以协同合作为核心。团队精神的最高表现就是个体利益和整体利益相统一，从而推动团队高效运转。

在团队精神中，并不要求团队成员牺牲自我。相反，团队精神要求团队成员张扬个性、各展其能，共同完成团队的任务和目标。团队精神需要无私的奉献精神。

（一）团队精神特征

团队精神不同于集体主义精神，更强调团队成员个人的主动性。一个高效率的团队，应该是每一个成员在知识和技能上都能协同工作，进而达到共同的目标，它并不要求所有成员都整齐划一、行动一致。

（二）团队目标确定

团队目标是一个十分重要的团队要素，没有共同目标的团队就会像一盘散沙一样，无法集中力量完成工作任务。一般来说，优秀团队在设定目标时，可以按照以下几个步骤进行：

1. 列出符合 SMART 标准的目标

标　准	具体内容	举　　例
Specific	确切的目标是什么?	未来 1 个月内完成业务量
Measurable	如何评估进展结果?	未来 1 个月内，平均每周成交量在 3 份以上
Accepted	如何被成员所接受?	团队成员是否认可这一目标
Realistic	是否可以实现?	从历史表现来看，周平均业务量为 2.5 份，上述目标可以实现
Time-based	时间期限是多久?	1 个月

2. 列出所列目标能够带来的好处

这样做不仅能够让每一个成员都从整体角度去思考，还能够提升团队成员积极性和自信心。

3. 列出完成目标会遇到的困难

想要通过团队目标来激发团队的潜力，就要在制定目标时，充分考虑到实现团队目标过程中可能遇到的困难。同时，在设计目标的时候，就要将各种困难都罗列出来。只有这样，才能够做到心里有数，并迅速找出解决难题的方法。

4. 预估达成目标所需要的各种条件

在制定目标时，需要提前预估出完成这个目标需要哪些人配合，团队领导者应该做什么，团队成员应该做什么。

5. 确定目标完成的日期

在制定目标时，必须要对目标完成的时间进行规定。时间的确定要参照团队以往的经验，以及当前的实际情况来确定。

（三）团队特质分析

一个优秀的团队，必须要表现出一些共性的特质。一般来说，团队的优秀特质主要有以下几个方面内容。

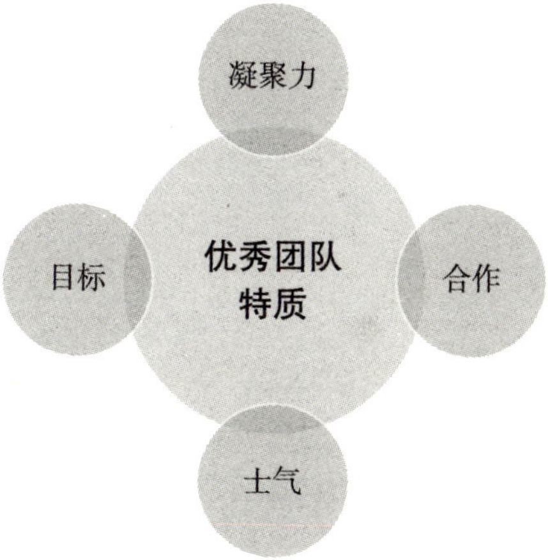

1. 强大的凝聚力

一个优秀的团队，必须要有强大的凝聚力。只有全体团队成员都凝聚在一起，向同一个方向、同一个目标努力，才能高效地完成工作任务。

2. 亲密合作

团队是由无数成员汇聚而成的，团队的力量不仅仅是每个成员个人力量的相加。通过亲密无间地合作，团队成员可以发挥自身的优势和特长，形成一种合力，这种合力要比所有成员个人力量之和还要大很多。

3. 高昂的士气

没有士气的团队，是缺少战斗力的团队。一个士气旺盛的团队，无论在何种境遇之中，都能够克服各种困难，无往不胜。

4. 团队目标优先

一个优秀的团队，每一个成员都能够以团队利益、团队目标为己任，将团队利益摆在最前面。如果一个团队中，人人都在追求自己的目标、自己的利益，那这个团队就会逐渐土崩瓦解。

除了拥有以上这些特质外，每一个团队都应该做到下面 5 个统一。

1. 统一的目标

一个没有目标的团队，并不能算作严格意义上的团队，很多时候，目标会先于团队出现。团队目标不仅要有，而且还要让团队中的每个成员都认可，并愿意为达成目标而努力工作。

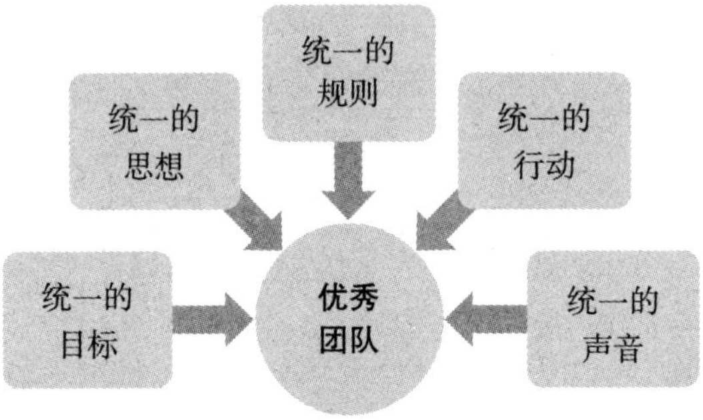

2. 统一的思想

如果团队的思想得不到统一，团队的工作就很难展开。一个人如果思想混乱，就会降低行动的效率，一个团队的思想如果不统一，同样也会降低效率。

3. 统一的规则

一个团队必须要有明确的规则，通过规则来约束团队成员的行动。该做什么，不该做什么，都需要在规则中进行明示。一个团队如果没有规则进行约束，就很容易陷入混乱之中，一个毫无组织的团队，是无法高效完成工作任务的。

4. 统一的行动

统一的行动表现为团队成员在工作时要行动统一有序，这一点并不是说每个成员都去做同样的事情，而是要让各成员间相互协作，让整个工作流程合理衔接。

5. 统一的声音

团队作出决策后，一定要发出一致的声音。如果一个团队中各种意见交杂，就会大大降低团队的效率。当然，这并不是说团队中不允许存在观念冲突和不一样的声音，而是说，在最终决定之时，一定要得到所有人的认可。决策的过程是可以存在争吵的，但决策的结果一定要严格执行。

二、企业团队建设要点分析

从一个企业的团队建设中，就能看出这个企业是否具有不断发展的潜力。企业团队建设是一件关乎企业生存发展的大事，企业是一个大集体，这个大集体的成绩取决于其中的无数个小团队。无论这些小团队是以什么样的形式组建起来的，它都需要具备一些必要的因素。

想要建设优秀的团队，企业管理者需要从以下几个要点入手。

1. 优秀的组织领导

其实不仅是一个小小的团队，对于企业这个大整体来说，优秀的组织领导都是必不可少的。想要让团队的力量更强大，让团队成员积极发挥自己的主动性，就需要首先选择一个得到所有成员认可的组织领导者。

一般来说，一个优秀团队的领导者不仅要能力突出，在品德上也要有过人之处。团队领导者可以利用自己的能力带动团队成员一同进步，同时还能够以自己的品德来吸引成员紧紧围绕在自己身边。当然，除了品德和能力，管理水平也是一个团队领导者的必备要素。

作为一个团队领导，仅仅依靠职权去进行团队管理，显然是不够的。优秀的团队领导者有自己的管理之道，他们既能带领员工向前冲，同时也会让员工“吃得饱”。最终，在团队任务目标完成的同时，团队成员的能力也得到了提高，自身目标也得到了实现。

2. 共同的团队愿景

一个团队能否长久地存在，很大程度上取决于这个团队是否拥有共同的愿景，也可以称其为团队信念。团队信念要比团队目标更加深刻，这是一种精神的存在。

一般来说拥有共同的事业愿景，一方面要找到团队存在的价值和意义，也就是团队组建的初衷和最高信仰；另一方面还需要拥有实现事业的组织分工和责任事业愿景的达成，不是想想就可以实现的。为了达成企业的事业愿景，团队成员要有各自的组织分工，同时还要明白自己在其中承担的必要责任。只有这样，团队成员才能够齐心协力地完成组织的长远规划。

企业团队建设要点

- 优秀的组织领导
- 共同的团队愿景
- 互补的成员类型
- 合理的激励考核
- 系统的学习提升

3. 互补的成员类型

企业团队建设时，想要保证团队更好地发挥效力，组织成员的选择非常关键。一些企业在组建团队的时候，选拔了许多成绩优异的成员，但将大家放到一个团队之后，每个人的表现反而没有之前优异了。

在组建团队时，选择互补型的成员，才是团队高效运作的基础。这种互补，一方面表现在团队成员个性上的互补，另一方面表现在团队成员能力上的互补。个性上的互补能够让团队的氛围更加和谐，能力上的互补则可以让团队的能力更加全面。

4. 合理的激励考核

想要让团队能够保持长久的活力，就要在团队中引入竞争机制。具体来说就是通过一些考核评定，来优胜劣汰，奖优罚劣。

一方面可以建立具有挑战性的薪酬考核体系。在团队中，按照贡献大小进行薪资分配，从而建立起一套公平、公正、公开的薪酬体系。另一方面在激励考核实施的过程中，要多奖励，少惩罚，要不断树立榜样和标杆，而在处罚上则更多采用人性化的方法。

激励考核一定要形成完善的制度体系，如果考核评定有失公平，或者存在漏洞，就会严重影响团队成员的积极性。这样的激励考核反而会对团队发展起到负面影响。

5. 系统的学习提升

企业团队在建立后，要以团队为单位进行有步骤、有阶段的学习提升。团队成员要广泛接触新的知识和技能。一个组织想要永葆青春活力，就要不断依靠系统的学习来进行提升。

一方面，团队要尽可能地为成员提供学习的材料和机会，包括给成员报销书籍和培训费用，送成员外出进修等。另一方面，团队也应该创建自己的学习型组织，通过定期的培训、交流讲座等，来为成员传授先进的知识和技能。

企业的团队建设是一项复杂的系统工程，一个优秀的团队不仅需要找到出色的领导者，还需要拥有长远的发展愿景，并且制定清晰明确的奋斗目标。在成员的选择和培养上，要更加注重互补型成员的选拔，并通过完善的激励考核制度和系统的学习提升，来帮助团队成员更好地发展自己，进而从整体上提高团队的战斗力，这样才能够形成聚合效应，为企业创造更高的经济利润。

第二节 | 团队建设管理制度

一、团队建设管理制度内容

王赫是某公司的管理人员，他是刚从一线员工中提拔上来的，而非正经管理学“科班”出身。因此，王赫对自己团队的建设也有些一筹莫展。

一个月后，王赫发现自己团队的业绩很一般，而且有百分之六十的业绩都是自己拿到的。开会时，公司老总看着王赫的报告直皱眉头：“你的团队业绩在公司里面算倒数，可你的个人业绩却是公司里面第一名，这是怎么回事？你的团队又不是只有你自己，还是想想办法，提高你们团队的整体业绩吧！”

王赫被老总说得脸都红了，可他还是不明白，究竟应该怎样建设和管理一个团队。

对企业来说，团队的建设与管理是非常重要的工作，没有哪项业务是一个人能独立完成的。因此，不管是大公司的建设还是小团队的建设都是不可代替的。

针对公司的实际情况，各企业的负责人要做好以下几点。

1. 注意提高自身的素养，做好团队建设与管理的“领头羊”

每个团队的负责人，首先要负责团队目标的实现，要带领团队共同进步。团队管理人员需要明确，自己不但是执行者，更是管理者。案例中的王赫就是没搞清楚这个问题，作为一线人员，他是一名很好的执行者。但作为团队的管理人员，他不知道如何管理一个团队。

作为团队的“领头羊”，管理者的个人素质起着至关重要的作用。管理者要做好团队的“领头羊”，不仅要以身作则，还要用平和与客观的心态对待手下的每一名员工，帮助他们共同进步，相互配合，全面提高团队素质。

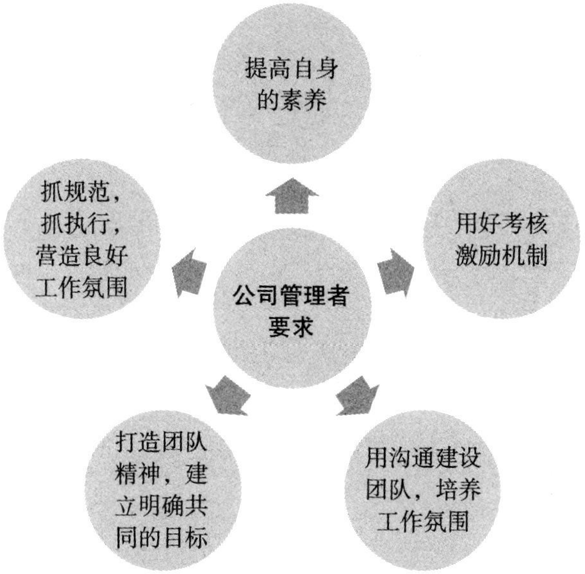

2. 打造团队精神，建立明确共同的目标

加强团队整体力量，最重要的是打造一个团队精神。管理者需要提出团队目标，并且号召成员做好目标管理。如果一个团队没有目标，就会让成员消极懈怠，失去方向。

管理者可以通过组织讨论、学习，让每一个成员都知道自己在本团队中应当承担的责任是什么，这才有利于团队形成合力，心往一处想、劲往一处使。

3. 管理者要抓规范，抓执行，积极营造进取向上的工作氛围

制度与规范是衡量公司是否走上正轨的重要标志。管理者需要让员工熟悉和掌握各种制度。管理者可以制定一套行之有效的制度，并选出几名优秀的员工榜样。这样一来，工作的质量要求有了保障，也能满足公司的长远发展，满足员工的快速成长。

事实证明，如果没有一套科学、切实有效的管理制度，就无法对员工的行为进行制度化、规范化和程序化的管理，也难以建立井然有序、纪律严明的团队。

因此，管理者需要运用各种形式，加大学习的力度，抓执行力、抓典型，从小团队的建设过渡到公司的整体建设。

4. 用有效的沟通建设团队，培养良好的工作氛围

团队沟通是维护团队建设的重要的工作，尤其是上下级之间的沟通，更是被看作管理学中的一门艺术。规章制度是维护团队的硬性手段，沟通则是维护团队的软性措施。在公司中，沟通就是团队的纽带与润滑剂。

管理者需要将团队目标和工作要求下达给成员，同时也要及时听取成员的意见和建议，促进彼此了解，消除彼此隔阂，这样才能形成一个良好的工作氛围。

因此，各公司的管理人员都必须保持团队内部沟通渠道的畅通，这样才有利于提高团队的整体士气，为工作的顺利完成创造出“人和”的环境。

5. 用好考核激励机制，不断激发员工进步

著名的管理大师彼得·德鲁克曾说：“现代企业不仅是老板和下属的企业，而应该是一个团队。”

因此，管理者应当采取切实有效的措施，凝聚团队力量，抓好团队建设，这样才能推动公司不断向前发展。

绩效考核是常见的激励与检验。绩效考核不仅向成员们展示公司的价值取向，也检验团队成员的工作成果。用好绩效考核制度，也是关系到团队生存与发展的重要手段。

二、团队文化建设

在公司的团队建设中，文化建设是必不可少的建设目标，亮出团队旗帜、选择团队名称与口号，这些都是帮助团队增强凝聚力的好方法。

团队的文化建设能帮助成员树立共同的价值观，让每一名团队成员都知道自己“为什么奋斗？如何奋斗？奋斗之后能达到什么样的成果”。

针对这一点，团建管理者需要采用切实有效的工作方式。谈心、培训、激励

手段等团队活动都可以提升团队的凝聚力与战斗力。在建设团队文化的同时，管理者也需要提高自己的组织能力，用自己的言行感染团队成员，显示出自己在团队建设中不可或缺的作用。

随着越来越细的社会大分工，个人单打独斗的时代已经成为历史，团队合作变成了每个公司都重点提倡的要求。作为一种先进的组织形态，团队合作也越来越引发公司的重视。但在团队建设过程中，有几种员工也会蒙蔽管理者的眼睛，令团队建设前功尽弃。

1. 精神离职的员工

精神离职是团队存在的普遍现象，具体特征为：工作时心不在焉，对本职工作不能认真完成。在团队内部合作时，对他人的状况漠不关心，经常将自己分内的工作推给他人，对团队起不到积极作用，甚至会延缓团队的整体效率。

这类员工的行动通常较为迟缓，工作期间无所事事，甚至经常在无工作状态下结束一天的工作。此外，这类员工的上、下班时间都非常准确，几乎没有迟到的现象发生，但也不会加班，即便当天的工作没有完成。

让员工产生精神离职的原因，大多是员工的个人目标与团队的整体愿景不一致，也有工作压力、情绪等方面原因。

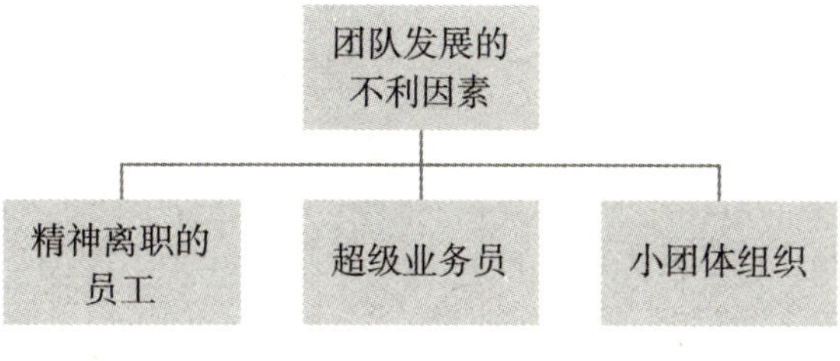

针对精神离职员工的有效方法是：专业沟通，用团队的整体精神与愿景提升工作状态，用激励的手段提升员工的工作热情。具体做法可以有为其安排假期、调整状态、制定激励制度，等等。

2. 超级业务员

团队的力量之所以高于个人，是因为团队具有整体的行动力、销售力与任务完成率。这就要求团队的成员具有互补性，每个员工都存在差异。也正是因为差异，而导致了超级业务员的存在。

超级业务员的具体表现特征为：个人能力强大，在工作中能独当一面。在团队整体业绩中，超级业务员的业绩远远领先于团队的其他成员。正因为超级业务员的能力很强，他们中的大多数人目无组织，纪律散漫且好大喜功，经常将自己看作团队中的功臣。

毫无疑问，超级业务员的能力是任何团队都需要的。在个人能力与团队纪律面前，管理者通常有些无法取舍。对于这种情况，管理者最常采用的办法是听之任之。

然而，超级业务员对团队的破坏力是巨大的，如果长期采用“放养”政策，就会让团队的其他成员心生愤懑，产生怨气，这也会对团队的凝聚力产生破坏，引导团队向非团队发展，快速瓦解团队组织。

团队环境具有不确定性，也会因为挑战性高的任务造成成员的差异过大。超级业务员与普通成员的工作技能有显著差距，因此，他们更需要领导者的正确领导、全面沟通，把超级业务员融进团队中。

从团队建设的角度出发，管理者应当把超级业务员树立成团队榜样，同时将他们的分力转化为团队的合力，让超级业务员认同团队的价值观与约束力，这样才能对其进行更好的管理。

3. 小团体组织

在一个团队中，经常会出现一部分成员私下组成的小团体组织。这种非正式的小团体组织产生的原因主要有两种，要么是团队领导的故意行为，要么是团队内部成员存在价值观、性格、经历等方面的问题。

对于第一种原因，通常是管理者为了强化自身管理职能，在团队中培养自己的亲信，增强管理效力。虽然这是客观上形成的非正式组织，但这样的小团体仍能进行良好的日常行动，甚至可以提高团队效率，让团队向有利的方向发展。然而，这样的情况也有弊端。如果管理者的亲信无甚能力，反而会让优秀成员流失，降低团队的工作效率。

第二种是紧密型非正式组织，这样的小团体组织的愿景，通常与整个团队的愿景相悖。随着小团体组织的增多，团队也会离瓦解之日不远。

可以说，小团体组织的价值观会偏离团队，破坏团队文化建设。因此，在团建中杜绝小团体组织也是非常必要的工作。

三、团队员工奖惩制度

奖惩制度是促进和保持员工工作积极性与自觉性的重要手段，建立良好的奖惩制度，不仅可以贯彻团队精神与企业宗旨，还能保证让公司的目标得以实现。

关于奖惩制度的原则是：奖优罚劣、奖勤罚懒、鼓励上进、鞭策落后。

奖励是员工取得成绩的直接体现，也是员工不断进取的动力，是公司激励的措施。公司应当奉行有功必奖的原则，这样才能激励员工爱岗敬业。

公司可设立如下激励项目：

1. 最佳（优秀）团队奖：在公司所有团队中，每年选取出一个或多个（按照公司规模决定）最佳团队。最佳团队的选择标准是对各部门的管理、服务、纪律、任务都能全面达标，对业务能够超额完成，与其他部门间能够顺利协作沟通。

最佳团队奖的奖励方式为公司通报表彰与颁发奖金。

2. 优秀管理者奖：公司根据制定的各级管理人员审核标准，来参考每个管理者的绩效考核成果，并且在年终时评选出优秀管理者予以奖励。

优秀管理者奖的奖励方式为通报表彰与颁发奖金。

3. 优秀员工奖：公司根据各岗位员工的整年工作业绩，选出名列前茅者进行奖励。

优秀员工奖的奖励方式为通报表彰与颁发奖金。

4. 举报奖：公司要给每位员工树立主人翁与监督意识，号召全体员工对公司内部的严重失职、徇私舞弊、泄露机密、违法乱纪等行为，及时向总经理举报，凡核查无误者，均给予举报奖。

举报奖的奖励方式为私密授予，直接由总经理或总经理授权人颁发给获奖者奖金。

5. 特殊贡献奖：为了号召员工保卫公司财产、忠于职守，且为了开发新项目，为公司解决较大难题，需设立特殊贡献奖，嘉奖为公司解决问题的员工。

特殊贡献奖的奖励方式为通报表彰与颁发奖金。

我们再看公司的惩罚制度。惩罚是对犯错员工的教育，公司需要奉行有错必罚的原则，只有奖惩并行，才能有效激励员工。

公司可实行惩罚积分与罚款并行的方式，即每扣 1 分即罚款，积分以每半年为期限。半年内，员工扣分在 1 ~ 20 分者，可将其积分清零；半年内扣分超过 20 分者，均要严厉处罚。

其具体条款如下：

1. 对下列违纪行为一次扣 1 ~ 4 分及相应罚款：

上班时间仪容仪表不整者；

随地吐痰、乱扔烟头、纸屑或其他杂物者；

上班时间串岗、扎堆聊天者；

长时间接打私人电话者；

上班时间看与工作无关书刊者；

上班时间未经允许从事娱乐活动者；

接听电话不规范或传达文件不到位者。

2. 对违反下列行为之一者一次扣 5 ~ 9 分及相应罚款：

未经领导批准中止工作，擅离岗位者；

工作时间干私事者；

对非本职工作但有益于公司的工作不予协助者；

对客户、同事污言秽语、不讲礼貌者；

无事生非、挑拨离间、损害团队及同事团结者；

因服务态度问题导致客户投诉者。

3. 对下列行为一次扣 10 ~ 19 分及相应罚款：

对各级反馈的情况，经查属实拒不签字承认者；

上班时间酗酒者；

私自接受、索取回扣或礼物者；

工作态度恶劣、侮辱他人者；

因过失泄露公司机密者；

违反规定私自动用公司办公设备及车辆者；

知情不举，隐瞒他人严重违纪行为者。

4. 对下列行为一次扣罚 20 分，并予以除名处理，触犯国家法律法规的，将移送司法机关处理：

在工作场所打架斗殴，造成严重伤亡者；

对客户投诉未能及时妥善解决，致使矛盾激化或酿成其他严重后果者；

蓄意破坏公司财物者；

触犯国家法律法规，被拘留、劳教、判刑者；

故意泄露公司机密者；

因严重失职给公司造成重大经济损失者；

有盗窃、贪污行为或利用职务之便营私舞弊者；

散布对公司不利言论，或从事损害公司形象、利益之行为者。

5. 受惩罚的员工可根据其表现，经研究给以留职察看处分。

6. 员工有下列情况，应赔偿公司损失：

员工损坏公司物品，视情节轻重赔偿损失，故意损坏的应加倍赔偿，非故意损坏的根据具体情况适当赔偿；

员工丢失公司财物按照一定比例给予赔偿；

其他造成公司损失者，视情节予以赔偿。

7. 惩罚的实施：

员工可以直接向总经理或行政部报告违纪行为；

部门经理对上述过失行为进行监督管理，对违纪情况作出处理决定，经行政部核查后予以处罚；

可以直接进行处罚，同时对受处罚员工的直接主管和部门经理按管理不力论处，处以与受罚员工相同罚分，凡主管和部门经理对违纪员工包庇、开脱的，处以受罚员工两倍的罚分。

8. 违纪罚款的缴纳：

对于员工违纪的处罚，部门经理应督促员工按照处罚额及规定的时限上缴；

罚款必须在罚单下达后5日内缴纳，逾期未缴将加倍处罚；

对拒不缴纳罚款的人员将予以严肃处理。

9. 总经理及行政部发现违纪行为可以直接进行处罚，同时对受处罚员工的直接主管和部门经理按管理不力论处，处以与受罚员工相同罚分，凡主管和部门经理对违纪员工包庇、开脱的，处以受罚员工相同处罚方式。

认为公司处罚不当或有过失之员工，可以在接到处罚通知之日起3个工作日内准备相应的申诉材料向总经理提起申诉，在总经理接受申诉期间，员工可以暂缓履行处罚。

附录：企业团队建设管理基本表单

团队建设的培训活动申请表

培训活动主题			
培训活动形式			
培训活动内容			
参加人数及时间		预算费用	
部门申请意见： 签名 / 日期：			
行政部意见： 签名 / 日期：			
分管领导意见： 分管副总裁：	总裁：		董事长：

团队建设记录统计表

项目部名称： 年 月 日

活动	1月	2月	3月	4月	5月	6月	7月	8月	9月	10月	11月	12月
影视												
会议												
观摩												
文体												
合计												
总计												
备注	以上活动需附照片											

团队建设绩效评估表

公司：							评估人：
职务：							评估时间：
评估指标	权重	目标达成度					得分
		100%	80%	60%	40%	20%	
结果导向类指标	60 分						
1. 完成业绩目标。	20 分						
2. 如期完成工作数量。	10 分						
3. 工作质量达标。	10 分						
4. 顾客满意。	10 分						
5. 团队整体素质和能力水平提高。	10 分						
过程控制类指标	40 分						
1. 团队对其愿景规划、使命、价值观、组织结构、组织章程以及规章制度有书面说明。	2 分						
2. 团队拥有清晰、共同认可的目标。	2 分						
3. 团队章程符合实际，且大家认同。	2 分						
4. 团队拥有一致认同的价值观。	2 分						
5. 团队为实现目标制订了行动计划。	2 分						
6. 团队对目标及任务按照成员分工、时间进度进行了合理分解。	2 分						
7. 团队成员权限清晰、职责分明。	2 分						
8. 团队成员清楚地知道加入团队的益处。	2 分						
9. 团队成员职能角色实现了定期轮换。	2 分						
10. 团队按照共同约定的授权范围以及决策原则制定每一项决策。	2 分						
11. 团队制定的决策得到成员的一致同意。	2 分						
12. 团队制定了科学完善的规章制度、工作流程，并及时检查遵守情况，持续改进。	2 分						
13. 团队始终致力于改进绩效、优化团队内部技能组合的支撑力。	2 分						
14. 团队会议定期召开且效率高。	2 分						
15. 团队成员间沟通开放、坦诚、互相促进、协同性强。	2 分						

续表

16. 团队拥有高效解决内部冲突问题的机制与方法。	2 分						
17. 团队成员乐于接受新的思想、观念与信息，保持着较强的创新力与变革力。	2 分						
18. 团队能够建设性地解决各种困难问题。	2 分						
19. 团队根据培训需求制订并开展持续性的培训计划。	2 分						
20. 团队成员参与性强，凝聚力高，追求卓越，渴望取得成就。	2 分						
合　　计	100 分						
评估意见							
存在问题							
改进方法							

员工培训报告表

培训名称	
培训时间	
培训方式	
培训导师简介	
培训反馈	
受训心得	
培训建议	
主办单位意见	

总经理　　　　　　　　　　　　主办单位

团队建设费申请表

基本信息	使用部门：　　　　分公司、校区： 使用时间：　　　　费用项目： 参加人数： 人均费用：　　　　总费用： 申请人：
活动内容	
活动意义	
备注	
审批	审核人： 审批人：

团队建设检查表

序号	团队建设指标		分值				得分
			不适合	偶尔适合	基本适合	完全适合	
1	民主管理	团队中的每个人有同等发言权并得到同等重视	1	2	3	4	
2		团队成员把参与看作自己的责任	1	2	3	4	
3		团队中的每个人的意见总能被充分利用	1	2	3	4	
4		在决策时总请适当的人参与	1	2	3	4	
5		所有的人都能了解充分的信息	1	2	3	4	
6	团队工作技能	把团队会议看作头等大事	1	2	3	4	
7		团队会议成熟、卓有成效	1	2	3	4	
8		团队成员都完全参与到团队会议中	1	2	3	4	
9		在团队会议时每个人专注于主题并遵守时间	1	2	3	4	
10		团队成员都很擅长达成一致意见	1	2	3	4	
11	团队氛围	团队成员都知道可以互相依靠	1	2	3	4	
12		团队成员在团队内体验到透明和信任感	1	2	3	4	
13		团队中每个人都感到能自由地表达真实看法	1	2	3	4	
14		团队成员之间相互尊敬	1	2	3	4	
15		团队成员个人业绩影响团队绩效	1	2	3	4	

续表

序号	团队建设指标		分值				得分
			不适合	偶尔适合	基本适合	完全适合	
16	团队凝聚力	团队中的每个人的目标、要求明确并达成一致	1	2	3	4	
17		对于目标，团队中每个人都有强烈、一致的信念	1	2	3	4	
18		团队中的每一个人的角色都十分明确，并为所有的成员所接受	1	2	3	4	
19		如果让团队成员分别列出团队的重要事宜，每个人的看法会十分相似	1	2	3	4	
20		团队中每个人都能顾全大局，分清主次	1	2	3	4	
21	成员贡献水平	团队成员能实践自己的承诺	1	2	3	4	
22		每个人都表现出愿为团队的成功分担责任	1	2	3	4	
23		每个人都让大家充分了解自己	1	2	3	4	
24		团队成员都能主动而创造性地提出想法	1	2	3	4	
25		团队中的每个人都努力完成自己的任务	1	2	3	4	
合计:							

团队建设与发展调查问卷表

一、单项选择题：

1. 您的年龄范围（　　）

A. 30 岁以下　　B. 30 岁至 35 岁

C. 36 岁至 40 岁　　D. 41 岁以上

2. 您的性别是（　　）

A. 女　　B. 男

3. 您的文化程度是（　　）

A. 研究生　　B. 大学　　C. 大专

D. 高中　　E. 中专　　F. 中学

4. 您参加工作的年限是（　　）

A. 5年以下　B. 5年　C. 6年至10年

D. 11年至15年　E. 16年至20年

5. 您的职务是（　　）

A. 一线员工　B. 管理人员

C. 中层管理人员　D. 高级管理人员

6.（1）您对岗位职责（　　）

A. 完全了解　B. 基本了解

C. 不了解　D. 不想了解

（2）您对当前岗位职责理解尚不清晰的原因是（　　）

A. 没有明确的岗位要求

B. 上级对自己的工作范围界定不明

C. 工作变动频繁，导致岗位不稳定

D. 与本岗位无关的临时性工作太多，以致无所适从

7. 就团队关系而言，您认为您的团队意识（　　）

A. 很强　B. 较强　C. 一般　D. 很差

8. 您认为影响团队发展的最重要的因素是（　　）

A. 领导者的能力素养　B. 团队成员的能力素养

C. 团队管理制度　D. 团队目标的可行性

E. 外界环境的影响　F. 其他

9. 您认为在本部门，同事之间关系怎么样？（　　）

A. 大部分同事关系融洽，只有个别不合群，但不影响集体

B. 部门内部有小团体，但部门有事情时，大家能同心协力

C. 关系不好，但是大部分有自己的好友

D. 其他

10. 您与其他岗位人员工作协调时（　　）

A. 能够很好地协调　B. 比较容易协调

C. 不容易协调　　D. 根本不能协调

11. 您与上级沟通的频率（　　）

A. 经常　　B. 有时　　C. 很少　　D. 几乎不沟通

12. 您认为本部门同事间的团队精神（　　）

A. 非常好　　B. 一般　　C. 较差　　D. 非常差

13. 当您遇到困难时，您所选择的倾诉对象是（　　）

A. 直接领导　　B. 行政部门或工会

C. 同事　　D. 家人、朋友

14. 如果公司组织各项技能知识竞赛，您是否支持并积极参加？（　　）

A. 很支持并积极参加　　B. 积极参加

C. 参加　　D. 不参加

15. 您认为您现在的工作态度是怎样的（　　）

A. 主动进取　　B. 按部就班

C. 在压力下被动工作　　D. 消极应付

16. 您对目前的工作感兴趣吗？（　　）

A. 非常感兴趣　　B. 感兴趣

C. 没有兴趣，为了生计，勉强工作　　D. 完全失去兴趣

17. 您认为哪些方式将有助于提高您的工作热情？（　　）

A. 公平、及时、恰当的激励

B. 良好的工作氛围和团队协作精神

C. 加强内部竞争，实行优胜劣汰

D. 不断参加培训，获得与岗位相关的知识

18. 工作中或多或少会碰到一些困难，您认为其原因是（　　）

A. 所学非所用　　B. 没有相关的培训

C. 没有明确的职责划分　　D. 人际关系复杂，团队协作不够

19. 如果不出现意外（如被辞退等），您准备在公司工作多长时间？（　　）

A. 10 年以上　　B. 5~10 年

C. 2~5 年　　D. 1~2 年

20. 您认为您的团队最大的竞争优势是什么？（　　）

A. 成员之间的互相信任　　B. 成员的整体素质高

C. 自己的领导能力得到认可　　D. 团队分工合理

E. 团队良好的激励机制　　F. 其他

21. 您的上司意外调离，部门又重新招聘了一位上司，您会（　　）

A. 感到很高兴，因为新上司常常能带来新观念和方式

B. 无所谓，反正谁当领导都是同样的心态做同样的事

C. 很沮丧，严重挫伤了工作积极性

D. 非常不满意，很难适应

22. 您认为多久举行一次团队活动最为合理？（　　）

A. 一个星期　　B. 半个月

C. 一个月　　D. 两个月

二、多项选择题：

1. 您认为哪些能力是工作单位最看重的（　　）

A. 合作意识与奉献精神　　B. 创新意识

C. 竞争意识与挑战意识　　D. 人际交往能力

E. 社会实践和工作经历　　F. 文字写作能力

G. 其他

2. 您认为怎样才能更好地增强部门凝聚力？（　　）

A. 头脑风暴　　B. 一些集体性的体育活动

C. 团队聚餐　　D. 团队训练

E. 其他形式

3. 您认为哪些问题会影响团队绩效？（　　）

A. 团队缺乏凝聚力，各自为政

B. 领导者缺乏调控能力，导致信息不对称，影响工作进展

C. 成员中存在着情绪起伏，到工作中后期逐渐呈现消极应对的情绪

D. 团队人员冗杂，工作难以调配

E. 其他

4. 您认为在团队建设过程中最大的障碍是什么？（ ）

A. 管理能力较弱　　B. 员工素质不高

C. 资金保障不足　　D. 业务流程不畅

E. 工作效率低下　　F. 技术水平不高

G. 团队合作不够，对内对外不讲诚信　　H. 领导观念陈旧

I. 服务意识差　　J. 规章制度不健全

K. 授权不足　　L. 创新能力不足

M. 执行力度差　　N. 其他

5. 当员工对某一问题的看法与您不同时，您通常会做什么？（ ）

A. 允许员工发表意见，并且会采纳正确建议

B. 允许员工发表意见，但只是听听而已，很少采纳

C. 总是试图说服员工接受自己的观点

D. 严厉斥责员工的看法，对员工的意见不理不睬

E. 其他

6. 您最喜欢拓展的项目是（ ）

A. 扮演不同的角色的项目　　B. 增进沟通和交流的项目

C. 能体现智慧和毅力的项目　　D. 娱乐开心的游戏项目

E. 能给我启发和启迪的思考项目　　F. 我不喜欢拓展活动

三、开放式问题：

1. 请您对公司团队建设及发展提出意见和建议。

2. 您喜欢参加什么活动？希望单位组织什么活动？

Enterprise Management and Practice

Chapter 6

企业财务管理

第一节 | 企业财务管理详解

一、企业财务管理基本原则

企业财务管理是一门能够为企业创造财富的学科，是每一个企业管理者都必须了解的。企业财务管理是一门理论与实践相结合的学科，在学习应用时，既要注重理论方面的知识，又要注重实际的应用效果。

想要让企业财务管理真正发挥应有的作用，更好地为企业服务，企业管理者应该在实践中遵循企业财务管理的基本原则，只有这样，企业财务管理才能有规可循。企业财务管理的基本原则为企业财务管理提供了重要依据和方法，是企业财务管理的重要指导原则。

现代企业财务管理的基本原则，从本质上来讲，是一种指导思想和行为准则，同时也是管理者进行财务管理的根本依据。它不仅能够帮助企业管理者作出科学、正确的决策，同时还能提高企业的工作效率，解决企业财务管理过程中出现的各种问题。

根据企业财务管理基本原则的概念和特点，可以看出，企业财务管理应该具备以下几点基本原则：

1. 货币时间价值原则

从经济学角度来看，货币时间价值原则主要是指一定数量的货币资金，在不同的时间点上所具有的价值并不相同。即使在通货膨胀的情况下，货币时间价值原则也是有效的。

也就是说，货币时间价值原则可以保护企业的资金不受货币贬值、物价上涨的影响，从而保证企业稳定发展。同时，这也是企业参与市场竞争，保证企业良性发展的客观需要。

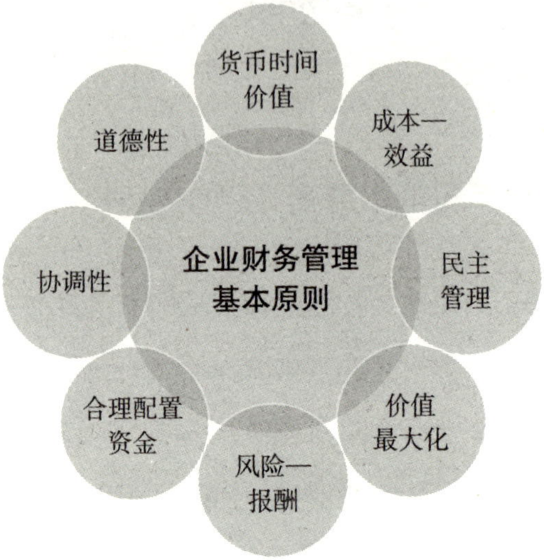

2. 成本—效益原则

这是企业财务管理原则中的一个重要原则，这一原则的应用应该贯穿于企业财务管理的始终。通过成本—效益原则，管理者能够更好地对企业经济活动所获得的经济效益和投入成本进行科学的分析和比较，从而确保企业收入大于支出，保证企业始终处于盈利状态之中。

3. 民主管理原则

现代企业财务管理讲求“以人为本”，在统一领导的基础上，应该更多实行分级、分权管理。只有这样，才能够更加有效地落实责权统一，让企业的各项经济指标通过逐级化手段，有效得到落实。同时也便于各单位对直接费用等经济指标进行核算。

民主管理原则还要求在实施财务管理部门集中管理的同时，也要大力推行分散管理，让各职能部门按照各自业务范围和权限来进行经济指标的核定，同时进行定期的考核。

4. 价值最大化原则

这一原则是指企业财务管理应该通过科学有效的手段来进行，这样才能够让企业获得最高的利润，确保投资者的权益最大化。企业管理者应该清楚决定企业经济效益的最直接因素就是产品的数量和质量，因此企业财务管理部门应该在实际工作中，结合生产经营需要，对资金进行有效的组织和利用。这样才能促进企业生产经营活动的正常运行和发展，帮助企业获得最大的经济效益。

5. 风险—报酬原则

在企业财务管理中，管理者在进行决策时，应该按照风险—报酬的原则来指导自身活动，以此来达到趋利避害的效果。

6. 合理配置资金原则

想要保证企业生产经营活动的正常进行，就要对企业的资金进行合理配置。企业资金的组织和使用过程越合理，每一笔资金所发挥的效力也就越大，这样便能保证成本得到有效利用，从而获得最大的经济效益。

7. 协调性原则

所谓协调性原则，就是指企业财务管理应该与企业所在的外部环境和内部环境相协调。由于企业财务管理要受到一些历史条件的制约，这就使得企业财务管理具有一定的历史必然性。

在企业财务管理中，管理者应该将企业的外在经济环境和自身现实状况相结合，找到最适合企业发展的财务管理方法和手段。这样才能使企业在不同发展阶段，都能够找到与之相匹配的财务管理运行准则。

8. 道德性原则

在现代企业财务管理中，管理者应该遵循基本的伦理道德要求，严格规范自己的行为，养成良好的职业道德和素质修养。企业财务管理人员应该在不断提高自身业务水平的同时，加强自身的道德修养，以较高的道德标准来约束自己的行为。

企业财务管理对于企业发展具有至关重要的作用，企业财务管理的基本原则是企业财务管理活动的指导依据，也是财务管理工作人员在工作中的行为准则。企业管理者应该根据企业自身的实际情况，对这些基本原则进行调整和完善，这样才能让企业的财务管理工作更加科学、完善和高效。

现代企业财务管理的基本原则是经过实践检验的，是对以往工作经验的概括和总结。它主要具有以下几个特点。

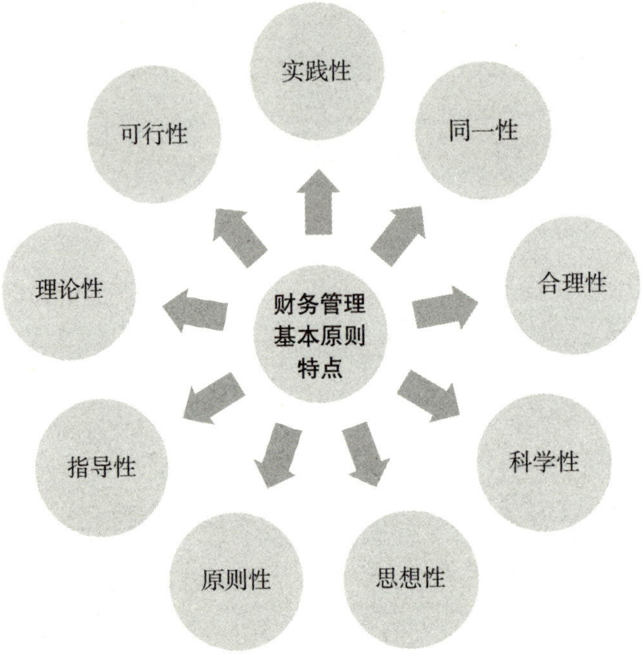

第一，可行性、实践性、同一性。

企业财务管理基本原则是得到大多数人认同的。企业财务管理的基本原则来自以往的工作经验，是对过去实践工作的概括和总结。因此，具有可行性、实践性和同一性的特点。

第二，合理性、科学性。

企业财务管理的基本原则得到了专家学者的认可，是对财务管理概念的一种科学化推断。因此，具有合理性和科学性的特点。

第三，思想性、原则性、指导性、理论性。

企业财务管理的基本原则是用来指导实践工作的，因此，又具有思想性、原则性、指导性和理论性等特点。

企业财务管理的基本原则是从过去的财务管理经验中总结出来的，是用来指导财务活动、处理财务关系的一种行为准则。企业财务管理基本原则得到了大多财务工作者的认同，但在具体的原则上，又体现出“仁者见仁、智者见智”的特点。因此，在应用企业财务管理基本原则时，应该从企业自身实际情况出发，切不可盲目套用理论。

二、企业财务管理常见问题及解决

企业财务管理是一项复杂的工作，大多数企业在进行财务管理时都会出现一些问题。一般来说，企业在进行财务管理时，出现的主要问题有以下几种。

1. 对企业财务管理重视程度不够

一些企业财务管理人员，尤其是企业的管理者，缺少风险意识，财务管理观念淡薄。对相关法律法规的认识不足，对企业内部财务管理制度重视程度不够，完全依照个人意愿办事。有一些企业不是通过合理有效的财务管理来提高企业经济效益，而是通过隐瞒收入等方式增加收入，走入了企业财务管理的禁区。

2. 财务管理基础工作混乱

一些企业的财务管理基础工作薄弱，内部管理权责混乱不清。有的企业虽然制订了相应的财务管理制度，但多数照搬他人材料，缺乏对自身实际情况的考量，因而也没有起到实际的监督和指导作用。

3. 财务管理人员水平较低

随着市场竞争日趋激烈，企业财务管理工作也变得越来越重要。企业财务管理人员的业务水平影响着企业财务管理工作的展开及质量。合格的企业财务管理人员应该具备系统的财务管理知识，取得相应的资格证书。但一些企业的财务管理人员知识结构不完善，工作技能也明显不足。有些企业甚至由办公室文员兼任财务管理人员，这在很大程度上影响了企业财务管理的质量和效果。

4. 财务管理工作缺乏有效监控

大多数企业的财务管理工作以会计核算为主。这种只注重事后核算，而忽视事后监督的财务管理模式，很难有效地进行事前预测和对生产过程的监督控制。

5. 企业财务状况不透明

一些企业的会计核算随意性较大，容易出现财务报表不真实的情况，这往往是受到了人为因素的影响。有些企业年末账面利润较多，应收账款却居高不下，不良资产持续增长，资金运作困难。这些都会影响到企业财务管理工作的有效开展。

企业财务管理工作中出现的问题往往表现在多个方面，造成这些问题的因素也是多种多样的。因此，在解决方法上，也应该从多个角度综合进行。具体来说，解决企业财务管理工作中的问题，可以从以下几个方面着手。

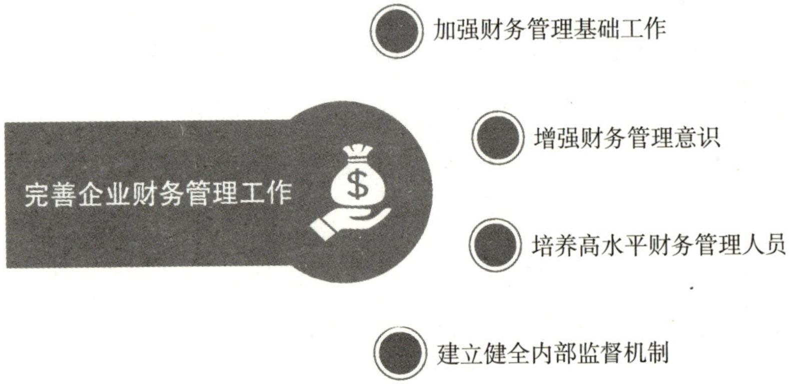

1. 加强财务管理基础工作

企业管理者应该建立起科学有效的财务管理体系，这样才能够使企业财务管理基础工作变得规范化。企业财务管理应该明确划分财务管理人员的职责权限，形成有效的制衡机制。

2. 增强财务管理意识

企业管理者要提高对财务管理工作的重视程度，企业中的其他部门应该积极配合财务管理工作。管理者要使员工认识到企业财务管理的重要性和必要性，让财务管理人员遵循财务管理制度，依法行使财务管理职权。

3. 培养高水平财务管理人员

想要提高企业财务管理水平，就要首先提高企业财务管理人员的综合素质。这需要企业和员工的共同努力。

企业应该经常组织学习和培训，提高财务管理人员的专业技能和其他能力。同时还应该鼓励财务管理人员积极思考、创新，对表现优异的人员以物质或精神上的奖励。对于不求上进的财务管理人员，要进行批评处罚或调离工作岗位。

财务管理人员要主动学习专业知识，拓宽知识范围。同时还要掌握多种综合能力，补全短板。在进行财务管理工作时，要多从实践中总结经验和教训，在完善企业财务管理流程的同时，提高自身的财务管理能力。

4. 建立健全内部监督机制

为了保障企业财务管理工作有效进行，企业应该根据自身实际情况，制定一套完善的监督制度。其中要包括监督原则、监督内容、监督方式、监督责任、奖惩措施等内容。此外，在制定监督制度之后，还要严格执行，在实践过程中，继续完善监督制度，建立起高效的内部监督机制。

第二节 | 企业社会保险详解

一、社会保险的概念和分类

社会保险是国家组织各种社会力量，来共同分担社会风险。是国家为劳动者提供物质帮助和生活保障的一种社会保障制度。因年老、失业、疾病、生育、伤残、死亡而丧失劳动能力，或者因中断劳动，自身或家庭失去工资收入，没有生活来源的劳动者，是社会保险保障的主要对象，具有以下几个特征。

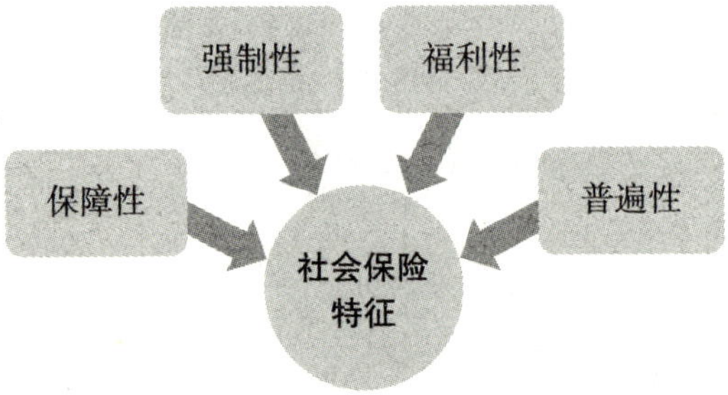

1. 保障性

国家实行社会保险，主要目的就是保障劳动者的基本上生活。是为了让劳动者在失去劳动能力后，依然能够生活。在保障劳动者生活问题的同时，维护社会的安定。

2. 强制性

社会保险是国家赋予劳动者的一项基本权利，是国家通过立法确立的一种社会保障制度，是在政府的支持管理下，保证因各种原因退出生产领域的劳动者的基本生活而采取的一种社会保障措施。

3. 福利性

社会保险既不能赚钱，也无法盈利，主要以国家财力作为福利保证，是国家实行的一种社会公共福利事业。

4. 普遍性

社会保险的实施范围十分广泛，涉及所有工薪劳动者，以及退出生产、工作岗位的离退休人员及供养亲属。

当前我国的社会保险种类主要包括养老保险、医疗保险、工伤保险、生育保险和失业保险等类别。

养老保险是在劳动者因年老、疾病等原因，丧失劳动能力，解除社会劳动义务之后，由国家给予物质帮助的一种社会保障制度。

医疗保险是劳动者因疾病或非因公负伤需要治疗时，由社会向其提供必需的基本医疗服务的一种社会保障制度。

工伤保险是劳动者由于工作原因，在工作过程中受到意外伤害，或者由于接触粉尘、放射性或其他有害物质等职业危害因素，在引起职业疾病之后，由国家和社会向负伤或致残以及致死者提供的必要的物质帮助的一种社会保障制度。

生育保险主要是根据法律规定，在职女性因生育子女而导致劳动者暂时中断工作、失去正常收入来源时，由国家或社会提供物质帮助的一种社会保障制度。

失业保险主要是国家通过立法强制实行的，由社会集中建立基金，对因失业而暂时中断生活来源的劳动者提供物质帮助的一种社会保障制度。

社会保险与社会经济发展、人民切身利益密切相关，其主要功能和作用主要表现在以下几个方面。

1. 保证人民基本生活，维护社会安定秩序，确保社会稳定；

2. 保障职工身体健康，确保人民生活稳定；

3. 促进企业生产发展，保障经济活动正常进行；

4. 实行收入再分配，从政策规定上向弱势群体和低收入者倾斜。

保险种类	基础用途
养老保险	退休后领取养老金、丧葬费、抚恤费
医疗保险	医疗报销、退休后享受医保待遇
失业保险	失业后领取失业保险金、医疗费补贴
工伤保险	支付医疗费用、生活护理费用、伤残补助和伤残津贴
生育保险	产假、生育津贴和生育补助金

二、社会保险的保费计算和分担

社会保险费的分担，其主体主要是国家、企业和个人。三个主体的不同组合可以产生许多不同的分担方式。即使是在同一个国家，在不同的社会保险项目中，也能够使用不同的保险费用分担方式。在中国，最主要的形式是雇主雇员双方供款，政府担负最后责任。

在计算社会保险费用时，需要搞清楚缴费基数和缴费比例的概念。缴费基数与缴费比例的乘积就是需要缴纳的社会保险费用。

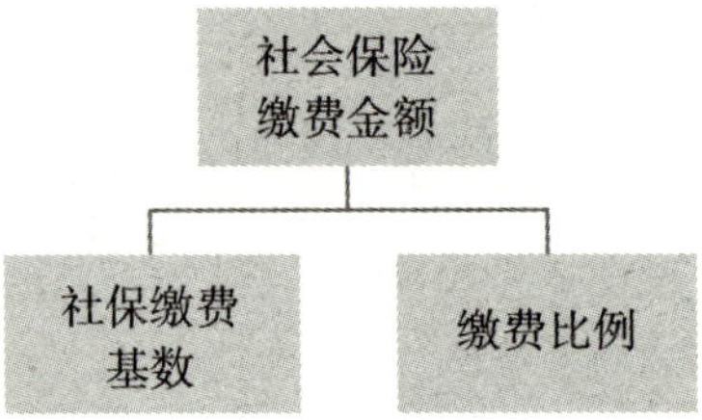

1. 社保缴费基数

社保缴费基数主要是指企业或职工用于计算缴纳社会保险费用的工资基数，此基数与费率的乘积，就是企业或者个人应该缴纳的社会保险费的金额。

在不同的地区，社保缴费基数也有不同，社保缴费基数往往与当地职工收入的平均数据相挂钩。社保缴费基数是按照职工上一年度所有工资性收入所得的月平均额来确定的。每一年确定一次，在确定之后，该年度内不再变动。

大多数企业会以员工的工资总额作为缴费基数，员工个人则常以上一年度的月平均工资作为个人缴纳社会保险费的工资基数。

2. 缴费比例

缴费比例就是社会保险费的征缴费率。往往会按照我国现行社会保险相关政策的规定确定。不同的社会险种，会实行不同的征缴比例。

三、企业社会保险管理中的问题及对策

随着社会经济的发展，人民生活水平不断提高，我国的社会保险制度也不断完善和进步。企业社会保险管理也成为了企业管理的一个重要部分，社会保险不仅能够为员工提供基本保障，同时还能增强企业的管理能力。

在当前社会发展形势之下，不少企业在社会保险管理中还存在着或多或少的问题。这些问题不仅影响着员工正常权益的获得，同时也影响着企业经济效益的获得。因此解决企业社会保险管理中存在的问题，对于企业发展具有至关重要的意义。

一般来说，企业在社会管理中存在的问题，主要有以下几种。

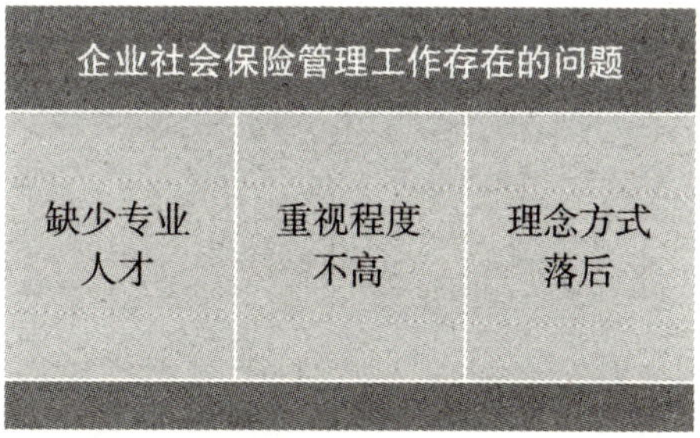

1. 缺少专业的社会保险管理人才

随着社会保险工作日益专业化，企业社会保险管理人员的综合素质也要随之提升。在企业中，社会保险管理人员既是执行者，也是服务者。从当前来看，

大多数企业的社会保险管理人才的专业程度还不高，专业管理技能也有待加强。这不仅制约了企业社会保险管理工作的效率，同时也不利于员工合法权益的保护。

2. 对企业社会保险管理的重视程度不强

一些企业管理者对企业社会保险管理工作的重视程度不够，很少给予社会保险管理者有效的支持。这不仅容易造成企业社会保险管理工作的混乱，也会影响到企业员工正常获得社会保险的保障。

3. 社会保险管理观念和方式落后

企业内部的社会保险管理工作是复杂的，由于不同的险种所需要的信息不同，企业需要对信息进行分类处理，同时还需要根据社会保险机构的要求来完成各种任务申报工作。一些实行传统社会保险管理方式的企业，管理人员工作量较大，工作流程也并不清晰，企业社会保险管理的信息化程度也不高。一些企业社会保险管理人员的创新意识、管理意识不强，也会影响到企业社会保险管理工作的效率。

想要提高企业社会保险管理工作的效率，就要不断加强企业社会保险管理的信息化水平。从而让企业社会保险管理更加全面、高效，最终扩大企业经营管理效益，增强企业发展的动力。

面对企业社会管理工作中出现的问题，要“对症下药”，找到问题的根源，并推行解决措施。一般来说，提高企业社会保险能力，需要从以下几个方面入手。

1. 提高社会保险管理人员的专业素养

企业要从自身实际出发，为社会保险管理人员提供各种类型的专业技能培训，来不断提高社会保险管理人员的专业技能和职业素养。同时，企业还要加强对社会保险管理人员的激励，提高其工作的积极性。在企业内部进行社会保险知识的宣传，帮助员工解决与社会保险相关的问题。

2. 增强对企业社会保险的重视程度

企业管理者要多支持社会保险管理部门的工作，要多了解社会保险的内容和知识以及我国的社会保险政策。管理者应该将企业社会保险管理工作纳入企业管理工作之中。在社会保险管理工作过程中，管理者应该及时发现和解决问题，创新工作管理流程。

3. 建立健全社会保险管理工作制度

建立完善的企业社会保险管理工作制度，是高效开展社会保险管理工作的基础。完善的社会保险管理工作制度，可以让社会保险管理工作的开展变得有据可依。在制度建设过程中，最主要的是建立起相应的社会保险管理部门，让社会保险管理人员能够专心进行社会保险管理工作，而不是在从事其他工作的同时，兼做社会保险管理工作。

附录：企业财务税务管理基本表单

预算申请表

编号：　　　　　　　　　　　　　　　　　　　　　　　　　　　　年　月　日

预算编号	预算名称	用途	说明	单价	数量	申请金额
合计						
领导批示						

审核人：　　　　　　　　　　　　　　　　填表人：

预算统计表

月份：　　　　　　　　　　　　部门：

预算编号	预算科目	预算金额	实际支出	差额	追加预算	说明

总经理：

审核人：

填表人：

预算表

年　月　日

借方科目	借方金额	备注调整	贷方科目	贷方金额	备注调整
现金			股本		
应收账款			公积金		
应收票据			制造费用		
坏账准备			制成品		
原料			机器设备		
辅料			折旧准备		
在制原料			管理费用		
在制品辅料			销货		
在制人工			销货成本		
在制造费用			销货退回		
应付票据			销货折扣		
应付凭单			财务费用		
已分摊制造费			财务收入		
已分摊管理费用			本期利润		

资金来源运用比较表

年　月　日

项目		实际数	预计数	比较增减	资金调度						
		金额	金额	金额	调度对象		期初金额	本期收入	本期支出	期末金额	增减
期初现金结存					住来	往来（借入）					
收入	外销收入					往来（借出）					
	内销收入										
	现销					小计					
	票据兑现				借入款项	外销贷款					
	加工收入					贴现借款					
	退税收入					信用借款					
	其他收入					抵押借款					
	合计					私人借款					

续表

项目		实际数	预计数	比较增减	资金调度						
		金额	金额	金额	调度对象		期初金额	本期收入	本期支出	期末金额	增减
支出	资本支出				借入款项	银行透支					
	土地及房屋					员工存款					
	设备分期付款										
	机械设备					小计					
	材料支出				合计						
	原料内购				说明事项						
	物料内购										
	物料外购										
	生产经费										
	薪资										
	制造费用										
	经常费用										
	推销费用										
	管理费用										
	财务费用										
	其他支出										
	分期付款										
	合计										
期末现金结存											
资金剩余短缺（+ −）											

资金来源运用预算表

单位：元

项目 \ 月份		1	2	3	4	5	6	7	8	9	10	11	12	合计
上期结余（A）														
收入	现金销货													
	应收票据兑现													
	利息收入													
	合计（B）													

续表

项目 \ 月份		1	2	3	4	5	6	7	8	9	10	11	12	合计
支出	应付票据兑现													
	利息支出													
	薪资													
	水电费													
	邮寄费													
	修理费													
	交际费													
	差旅费													
	交通费													
	电话费													
	办公费													
	运输费													
	福利费													
	税金													
	保险费													
	杂费													
	合计（*C*）													
本期余出（*D*=*B*-*C*）														
本期结余（*E*=*A*+*D*）														

核准：　　　　复核：　　　　制表：

资金调度计划表

摘　要		合计	现金	银行存款												
本月（　周）结存																
加	预计销售收入															
	预计其他收入															

续表

摘要		合计	现金	银行存款											
减	预计票据到期														
	预计薪资支出														
	预计水电支出														
	预计利息支出														
	预计经常支出														
	预计购料还款														
	预计偿还借款														
	预计其他支出														
下月（　周）余额															
经调度后结存															
资金调度计划															

管理费用预算表

项　目	前年度平均数	预算数	备　注
固定费用			
1. 薪资支出			
2. 间接人工			
3. 租金支出			
4. 办公费			
5. 邮寄费			
6. 水电气费			
7. 保险费			

续表

项　　目	前年度平均数	预算数	备　　注
8. 税金			
9. 折旧			
10. 伙食费			
11. 研究费			
12. 社保费			
合　　计			
变动费用			
1. 加班费			
2. 差旅费			
3. 运费			
4. 修理费			
5. 广告费			
6. 捐赠费			
7. 包装费			
8. 燃料费			
9. 呆账损失			
10. 职工福利			
11. 杂项购置			
12. 佣金支出			
13. 训练费			
14. 销货费用			
15. 劳务费			
16. 间接材料			
17. 医疗费			
18. 其他费用			
合　　计			
总　　计			

复核：　　　　　　　　制表：

收支预计表

单位：万元

资金		预付内容	月（次月）		月（次一月）	月（次二月）
项目	代号		预付日期	金额		

主管：　　　　　　　　　　　　　　　经办人：

支出预计明细汇总表

项目 日期	内购材料	外购材料	薪资	水电费	各项税损	利息支出	租金支出	经常费用	其他支出	工程款	偿还借款	设备款	合计
合计													

应缴税费估算表

单位：万元

项　目	单　价	工程费	总　额	备　注
投资方向调节税				
市政建设费				
增加投资建设费				
集资管理费				
城市建设绿化费				
交通能源设备费				
供电用电负荷费				
供电管网补偿费				
教育事业配套费				
商品房营业税				
城市维护建设税				
综合开发管理费				
合计				

税款缴纳记录表

年度：　　　　　　　　　　　　　　　　　　　　单位：万元

税款名称	缴纳税款处	标准	上　月		下　月		合计	备注
			日期	金额	日期	金额		
合计								

营业税金及附加预测表

预测时间：分（子）　　　　　　　　　　　　　　　　　公司名称：

编　号	项　　目	计税依据	适用税率	营业税金预测数
1	营业税			
2	消费税			
3	资源税			
4	城市维护建设税			
5	教育费附加			
合计				

公司负责人：　　　　　　　　　财务负责人：　　　　　　　　　制表人：

税金实现及入库表

编报单位：　　　　　　　　　　　　　　　　　　　　　　单位：元

税　　种	期初数	本月实现	本年累计实现	本月入库	本年累计入库	累计欠交
1. 消费税						
2. 增值税						
3. 城建税						
4. 教育费附加						
5. 所得税						
6. 房产税						
7. 土地使用税						
8. 印花税						
9. 车船使用税						
10. 营业税						
11. 个人所得税						

续表

税　　种	期初数	本月实现	本年累计实现	本月入库	本年累计入库	累计欠交
合计						
其中：地税						
国税						
说明						

财务负责人：　　　　审核：　　　　制表：

滞纳金减免申请审批表

滞纳税别	税款所属期	营业额或所得额	税率	税额	滞纳日数	滞纳金金额	备注
申请理由							
批准单位公章		批示		专管员意见			

申请单位：（章）　　　　申请日期：　年　月　日

企业负责人：（印）　　　　办税人员：（印）

开业税务登记申请

（主管税务机关名称）：

我单位（个人），于____年____月____日取得营业执照，法定代表人，注册资金____元，主要生产经营____，属（□工业、□商业、□其他）企业，实际生产经营地址在____，为（□自有、□租赁）房屋，现申请办理开业税务登记。

以上申请情况及所附资料真实，特此申请。

申请人（签章）

年　月　日

重新开业税务登记申请

（主管税务机关名称）：

我单位（个人），于____年____月____日取得营业执照，法定代表人，注册资金____元，主要生产经营____，属（□工业、□商业、□其他）企业，实际生产经营地址在____，为（□自有、□租赁）房屋。由，原税务登记已于____年____月____日在（税务机关）注销，现因需要，申请办理重新开业税务登记。

以上申请情况及所附资料真实，特此申请。

申请人（签章）

年　月　日

Enterprise Management and Practice

Chapter 7

企业客户和公关管理

第一节 | 客户关系管理概述

一、CRM 概念的起源和发展

1999 年，Gartner Group 公司提出了 CRM（Customer Relationship Management，客户关系管理）概念，也就是客户关系管理概念。在客户关系管理概念之前，在 Gartner Group 公司提出的 ERP（Enterprise Resource Planning，企业资源计划）概念中，客户只是供应链管理中的一个环节。现在将客户关系管理单独作为一种概念理论提出，也可以看出客户关系管理对企业发展的影响越来越明显。

从字面上来看，CRM 指的就是客户关系管理，但从深层次来看，其内涵却有多种不同的解释。

CRM 既可以是选择和管理有价值客户及其关系的一种商业策略，也可以是获取、保持和增加可获利客户的方法和过程。CRM 的实施目标就是通过提升企业的业务流程管理，来降低企业的成本，最终通过更为周到的服务，来吸引和保持更多的客户。所以，CRM 可以看作一种新型的客户关系管理机制。它不仅可以改善企业与客户之间的关系，也能够影响到企业中其他与客户相关的领域。

最早提出 CRM 概念的 Gartner Group 公司认为，客户关系管理就是为企业提供全方位的管理视角。同时赋予企业更为完善的与客户交流的能力，以达到最大化客户收益率的目的。

CRM 概念的范围十分广泛，主要表现为以下几个方面。

1. CRM 是一种营商策略，可以通过选择和管理客户达到最大的长期价值。企业可以通过应用 CRM 来达成具有效益的客户关系管理。

2. CRM 是信息行业用语，主要是指有助于企业有组织地管理客户关系的方法、软件和互联网设施。

3. CRM 是一种基于互联网的应用系统。主要是通过对企业业务流程重组来梳理、聚合用户信息资源，从而帮助在企业内部实现信息和资源共享，帮助企业来更有效地管理客户关系。以达到降低企业成本，最大化企业利润的目的。

4. CRM 是一项综合的 IT 技术，也是一种新的运作模式，既可以成为一项企业经营策略，也是一种旨在改善企业与客户关系的新型管理机制。

5. CRM 是通过对客户详细资料的深入分析，来提高其满意程度，进而提高企业竞争力的一种手段。

综上所述，CRM 不仅仅是一个软件，更是一种技术能力和方法论，同时也是一种商业策略。在更广泛的意义上，CRM 就是企业进行客户关系管理的一种战略方法。

二、客户关系管理的作用

随着市场竞争日趋激烈，企业客户关系管理对于企业的影响越来越大。企业能否获得更多客户，能否维持住现有客户，成了影响企业持续稳定的关键因素。善于进行客户关系管理的企业，能够在市场竞争中获得更多用户，从而增加企业的经济效益。

客户资源已经成为企业的一项重要资源，客户关系管理是获得客户资源的主要手段，同时也是提高企业市场竞争力的重要渠道。一般来说，客户关系管理对于企业发展主要具有以下几个方面的作用。

1. 在现代市场竞争中，客户是一种宝贵的资源，企业只有建立良好的客户关系，才能够最大限度地开发客户。客户资源是企业发展的重要动力，通过客户关系管理，能够提高企业的综合竞争力，帮助企业在市场竞争中立于不败之地。

2. 客户关系管理可以帮助企业有效收集和管理客户关系信息。在寻找到更多新客户的同时，能够长久地维持旧客户，提高客户的终身价值，降低客户的流失。

3. 客户关系管理还能够提高销售流程的效率，节约营销费用。在改善企业经营、销售和客户服务方面发挥重要作用。

4. 客户关系管理可以降低市场营销的风险。从根本上来讲，客户关系管理就是在企业与客户之间建立相互信任、相互沟通的桥梁。

5. 客户关系管理还可以提高企业在市场营销中的盈利能力。企业通过客户关系管理不仅能够获得巨大的经济利益，同时也能获得较大的社会效益。

三、客户关系管理系统的功能

客户关系管理系统主要是以客户数据管理为核心，通过信息科学技术实现市场营销、销售、服务等活动的自动化。同时建立一个客户信息收集、管理、分析、利用的系统，帮助企业实现“以客户为中心”的管理模式。

客户关系管理系统的功能需要从三个方面去认识，分别是市场营销中的客户关系管理、销售过程中的客户关系管理和客户服务过程中的客户关系管理。

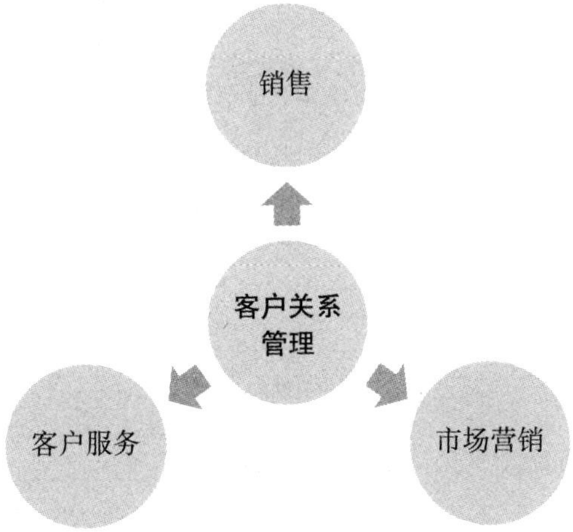

1. 市场营销中的客户关系管理

在市场营销过程中，客户关系管理能够帮助市场人员有效分析当前目标客户群体。在分析中，市场人员能够了解到客户群体集中在哪个行业、哪个职业、哪个地域等信息，通过这些信息，市场人员能够更加精准地进行市场投放。

此外，通过客户关系管理，市场人员还能够分析出每一次市场活动的投入产出比。市场人员根据与活动相关联的汇款记录，以及举行市场活动的报销单据进行计算，就能够算出所有市场活动的效果报表。进而为下一次市场活动计划的制订提供必要的依据。

2. 销售过程中的客户关系管理

销售过程中的客户关系管理主要包括潜在客户、联系人、业务机会、报表统计图等模块。销售人员可以通过记录沟通内容、建立日程安排、快速浏览客户数据等方式来有效缩短工作的时间。

客户关系管理系统中的大额业务提醒、销售漏斗分析和业务阶段划分等功能，又可以有效帮助销售人员提高企业的成单率，并缩短销售的周期。这样便能极大地实现业务的增长。

3. 客户服务中过程中的客户关系管理

客户服务是客户关系管理系统的重要内容，主要用于快速及时获得问题客户的信息，这样便能够及时高效地为用户解决问题。在提高客户满意度的同时，提升企业的形象。

四、CRM 系统的选择

对于规模较小的企业来说，运行于云端的 CRM 系统是一个不错的选择。云 CRM 系统不仅能够提高中小规模企业的运营效率，同时还能减轻企业员工的工作负担。从具体优势来看，云 CRM 系统主要有四个方面的优势。

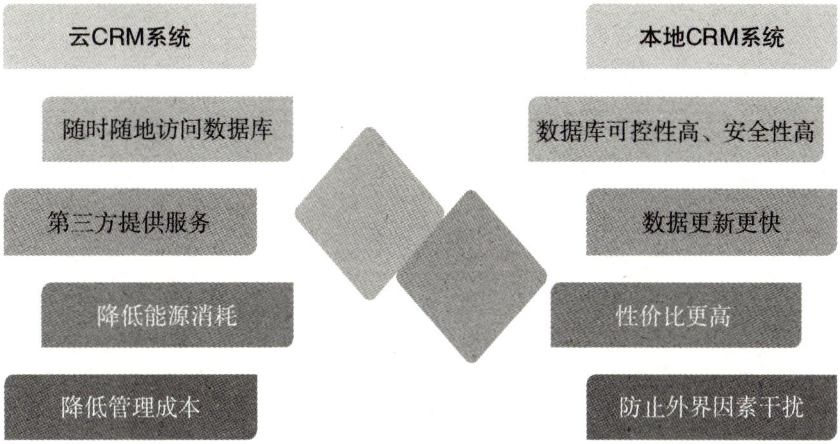

1. 随时随地访问数据库

将企业客户管理数据接入到云端网络中，可以让员工随时随地进行数据访问。对于销售人员来说，即使身处外地，也能随时随地访问云端数据，大大提高了业务开展的效率。

2. 第三方提供服务

由第三方服务商维护云端数据库，可以减轻由企业自身的日常维护工作所带来的压力。同时第三方服务商还能够对系统配置进行改进。

3. 降低能源消耗

将企业数据与信息存储在云 CRM 系统中，可以节省更多的能源。在互联网服务器上存储数据所消耗的能源，要比在本地私有服务器上存储数据消耗的能源小很多。

4. 降低管理成本

使用云 CRM 系统可以更好地降低管理成本。云 CRM 系统的收费方式主要以用户数量按月或年为使用周期进行先使用后交费。

对于规模较大的企业，在选择 CRM 系统时，会更倾向于使用本地 CRM 系统。当一个企业有条件去架设私有服务器的时候，自然也就没有必要再去使用互联网上的公有服务器了。相比于云 CRM 系统，本地 CRM 系统具有一些不同的特点。

1. 数据库可控性更高

本地 CRM 系统在企业对客户信息的掌握上，可以达到最高水平。

2. 更加安全

对于一些重要的企业信息，如果外包给外部服务商，很容易出现泄露的危险。如果企业存储的信息只是由内部使用，且处于高度管制下，使用本地 CRM 系统就是最为安全的。

3. 数据更新更快

使用本地 CRM 系统，企业可以直接控制数据更新过程。而云 CRM 系统想要更新数据，往往需要通过第三方服务商来进行。

4. 性价比可能更高

云 CRM 系统的费用并不固定，因此如果企业数据库日常访问量非常大，那使用本地 CRM 系统就是一种更高性价比的选择。

5. 防止外界因素干扰

云 CRM 系统将日常维护工作交给外部服务商，能够减轻企业工作负担。但同时也让企业容易受到与服务商之间连通性问题的影响。使用本地 CRM 系统因为不存在第三方服务商，因此能够防止受到外界因素的干扰。

企业在进行客户关系管理时，选择合适的 CRM 系统是至关重要的。如果选择了不合适的 CRM 系统，不仅客户关系管理工作难以取得效果，企业的其他管理工作也容易受到影响。在选择 CRM 系统时，企业管理者应该认真思考以何种方式来管理客户的数据和信息，才能够提升企业的业务水平。在思考问题的同时，还要考虑清楚选择 CRM 系统之后可能需要面临的后果。

第二节 | 客户关系管理战略

一、客户关系策略

企业管理者必须意识到CRM是一种企业战略，其目的就是让企业能够根据客户类型进行客户关系管理，从而改善客户对企业产品或服务的满意程度，提高企业利润。在企业管理过程中，应该将CRM上升到企业战略的高度，它会对企业长期战略目标的实现起到巨大的推动作用。

所谓客户关系管理战略，就是指从管理和战略的角度来明确CRM的发展目标，同时确定其对组织、技术等内容的要求，从而为客户关系管理的实施规划战略方向。

企业可以通过不同的战略与客户建立起特殊的关系，具体来说，企业关系战略主要表现为以下几个方面的内容。

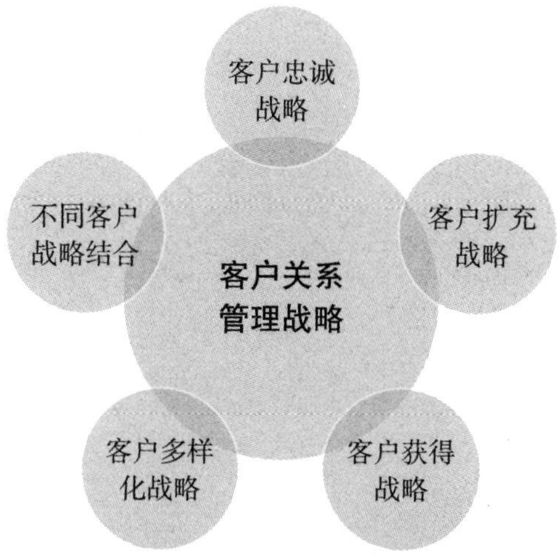

1. 客户忠诚战略

这一战略是指企业应该将关注的焦点放在客户的回头率上。有些时候培养忠诚客户要比获得更多的市场份额更重要。

2. 客户扩充战略

企业应该不断扩大自己的客户群体，实现这一战略的最直接方法就是为客户提供更为广泛的产品和服务。

3. 客户获得战略

获得更多客户永远是企业客户关系管理战略的重要组成部分。

4. 客户多样化战略

客户多样化战略意味着企业应该将战略重点放在利用新产品或者新服务来获得更多新的客户上。这一战略的实施会存在一定的风险问题。

5. 不同客户战略相结合

企业客户关系管理需要综合运用多种战略，企业可以依靠忠诚客户推介自己的产品或服务，同时将客户获得战略和客户扩充战略相结合，用客户忠诚战略维护新获得的客户。这样才能让企业在源源不断获得新客户的同时，让现有客户变得更加忠诚。

二、客户获得战略

在客户获得战略中，管理者需要做好客户识别、客户选择和客户开发三个方面的工作。

所谓客户识别，就是通过一系列技术手段，根据客户的个性特征和购买记录等数据，识别出企业的潜在客户。除了识别潜在客户外，客户识别还需要了解哪些客户是有价值的客户，这些客户的需求是什么等问题。

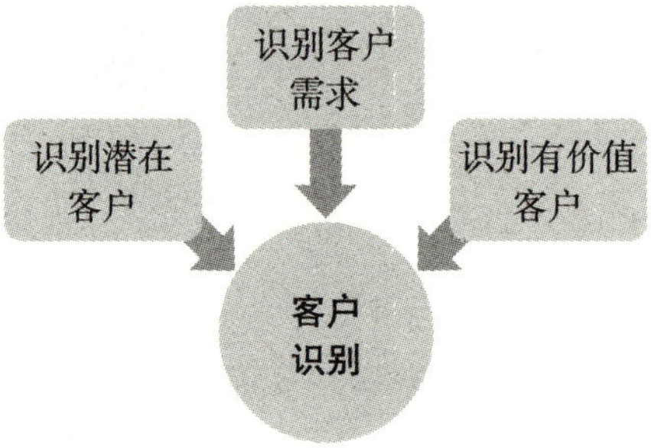

通过客户识别寻找到的客户，就是企业客户关系管理战略的实施对象，客户识别也为企业成功实施客户关系管理战略提供了重要保障。从具体的作用来看，客户识别的作用主要表现在以下两个方面。

1. 客户识别影响着客户保持

客户关系管理的重点就是客户保持，企业在进行客户保持时需要付出一定的成本。因此，在保持客户时，需要寻找到那些有价值的客户。客户识别就是一种寻找有价值客户的重要手段。

2. 客户识别影响新客户获取

新客户获取是企业客户关系管理的重要内容，从成本上来看，新客户的获取成本要高于老客户的保持成本。因此，在获取新客户的时候，选择那些最有可能成为企业客户的潜在客户，就可以减少一些不必要的新客户获取成本。通过客户识别来找到潜在客户，能够让企业在使用同样成本的同时，获得更多的客户。

所谓客户开发，指的就是将企业的目标客户和潜在客户转化成现实客户的一个过程。一般来说，客户开发有两种不同的策略可以选择。

1. 以产品服务吸引客户

这种策略又被称为“拉”策略，主要是指企业通过产品、价格、销售渠道和促销等手段，来吸引目标客户和潜在客户，从而将这些客户开发为现实客户的过程。

这种客户开发策略的特点是企业自身在产品、价格、销售渠道、促销手段等方面可能具有一定的特色和优势，企业可以借助这些优势来吸引客户。

2. 通过宣传推销吸引客户

这种策略又被称为“推”策略，主要是指企业通过人员推销的形式将目标客户和潜在客户开发成为现实客户的过程。

这种策略往往是在企业的产品、价格、销售渠道和促销手段没有明显特色，缺乏吸引力的情况下所采用的。主要是采取引导和劝说的方式，让客户产生购买行为。

在开发客户时，既可以采用直接接触目标客户的方法，也可以采用间接寻找目标客户的方法。一般情况下，这两种方法经常被综合在一起使用。

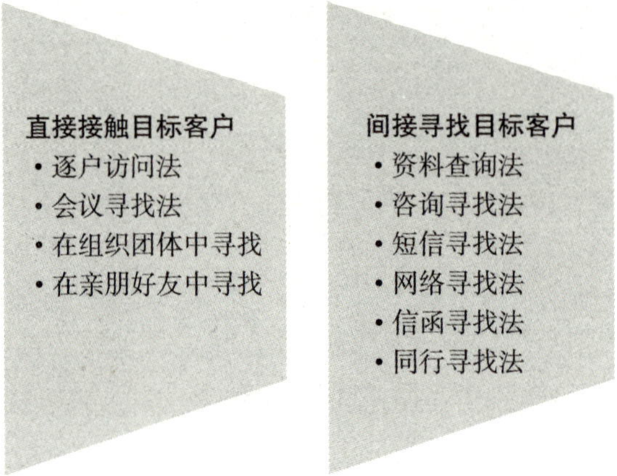

三、客户保持策略

随着市场竞争日趋激烈，客户资源成为了市场竞争中的关键资源，企业的客户保持率、客户份额率也成为了衡量企业是否成功的重要指标。

企业想要增加客户份额，就要进行客户关系管理。在客户关系管理中，获得客户是一个关键环节，而保持客户则是关键中的关键。企业在进行客户关系管理时，一方面要注重多吸引新客户，另一方面还要注重保留住老客户。现在，很多企业都将保留老客户作为企业客户关系管理战略的一个主要目标。

所谓客户保持，就是指企业通过各种方式来巩固及发展与客户之间长期、稳定关系的一个动态过程。

调查表明，企业开发一位新客户的成本要远远高于保持一个老客户的成本。企业在向新客户推销产品时成功率很低，而在向老客户推销产品时的成功率则高达一半以上。

如果一位客户对企业的产品或服务存在不满，那他可能会将自己的不满经历告诉多个人。而一位对企业产品或服务满意的客户，只会将自己的满意经历告诉少数人。如果企业能够快速对产品或服务给客户带来的不满给予关注，那大多数对企业产品或服务存在不满的客户还会继续购买企业的产品或服务。

客户保持能够在很大程度上节约企业的经营成本。相比于在客户开发方面大力投入，企业管理者更应该注重客户的保持。

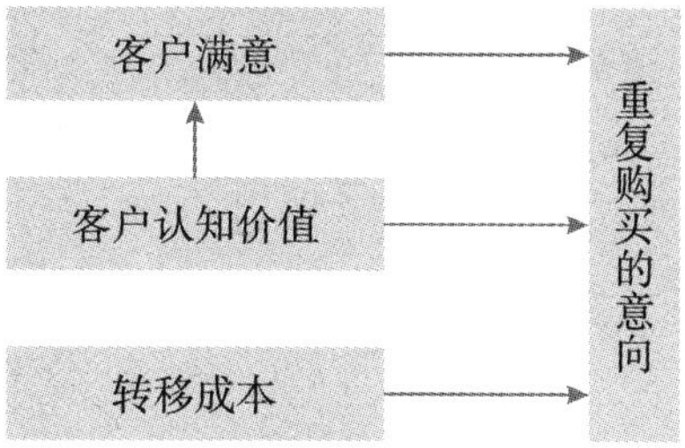

客户满意是指客户对供应商的总体感受和评价。

客户认知价值则是指客户对供应商提供的相对价值的主观评价。

转移成本指的是客户对“结束与现在供应商的关系、建立新的替代关系”所涉及的相关成本的主观认知。

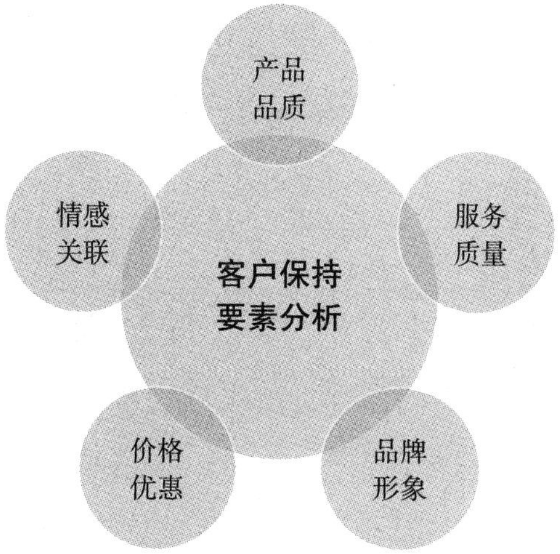

客户保持是企业客户关系管理战略的重要环节，与客户开发一样，客户保持也需要掌握一些重要的方法。一般来说，客户保持的方法主要有以下五种。

1. 提高产品的品质

客户追求的是高质量产品，企业能够长期稳定地保持产品的品质，是保持客户的根本方法。

2. 提高服务的质量

除了企业的产品外，客户还会接触到企业的服务。优质的企业服务会让客户更容易对企业产生好感。可以说产品和服务的质量是提升企业竞争力的关键要素。

3. 打造优秀的品牌形象

只有让客户对企业产生深刻印象，才能进一步让客户成为企业品牌的忠实拥护者。因此，企业需要建立起客户对品牌的忠诚，企业应该在客户心中建立起良好的形象。

4. 提供一定的价格优惠

质量相近、价格更优惠的商品或服务自然会得到客户的青睐。企业可以通过价格上的优惠来保持客户。价格优惠不仅仅体现在价格低廉上，更为重要的是企业能够为客户提供他们所认同的价值。

5. 进行感情投资

企业除了要与客户建立起业务联系外，还需要建立起除了商品和服务之外的关联。通过进行感情投资可以强化企业与用户在商品交易上的关系。

第三节 | 企业公共关系管理

一、公共关系管理的基本职能

在现代企业管理中，公共关系管理开始变得越来越重要。公共关系管理不仅能够梳理、运用企业的公共关系资源，同时还能够为企业营造良好的公共关系氛围，为企业的战略发展提供强有力的支撑。

公共关系指的是一个社会组织与其相关的社会公众之间的社会关系。公共关系管理就是为了处理好企业与其他社会公众、组织之间的社会关系，帮助企业更好地发展。一般来说，企业公共关系管理主要有以下几个基本职能。

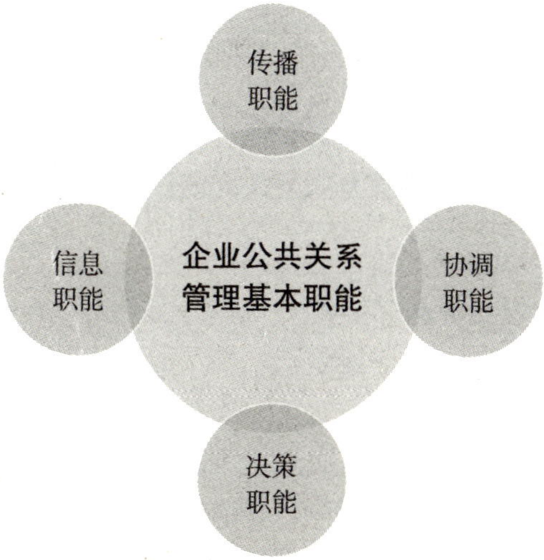

1. 传播职能

企业公共关系管理需要将企业内部信息向外输出，同时将公众的信息向企业内部输入，从而形成一种“双向的沟通”。传播职能是公共关系管理的基本职能之一。

对外传播的目的主要是树立良好的企业形象和企业信誉，企业公关部门可以选择不同的方式进行对外传播。作为一项经常性工作，在对外传播过程中应该讲究一定的传播策略，企业在不同时期的需要进行有针对性的对外传播。

对内传播主要是吸收公众意见，在这个过程中，同样需要讲究一定的方法策略。如果传播方式不当，将会产生负面的效果。

2. 协调职能

企业公共关系管理的一个重要职能是协调职能。面对企业内部和外部的纠纷、矛盾，企业公关部门应该充分发挥公共关系管理的协调职能，使用正确的方式进行协调。在不损害双方利益的情况下，解决纠纷，维护企业形象。

3. 决策职能

企业公共关系管理能够帮助管理者进行高效决策，对于企业的重大决策问题，公关部门可以根据分析研究给出合理意见。

4. 信息职能

企业公共关系管理的一个根本目的就是建立和维持企业与公众之间的互利关系。想要做到这一点，企业就必须了解公众，了解他们的心理和需求。因此，企业在进行公共关系管理时，要充分收集公众信息，并根据这些信息作出预测和决策。

信息收集是公共关系管理过程中的一项重要工作。信息收集的对象不仅包括社会公众和组织，同时还包括企业内部员工。所有有价值的信息情报，都应该作为信息收集的内容。

这些职能既是企业公共关系管理的基本职能，同时也是企业公关部门的重要功能。企业公共关系管理已经成为企业管理中的重要组成部分，公共关系管理工作也成为企业管理者必须重视的一项工作。

二、公共关系管理的目标对象

企业公共关系管理需要针对不同的对象，处理好不同的关系。

1. 政府关系

公关部门处理政府关系，主要表现在关注和收集政府决策的有关信息，鼓励员工参与政府倡议的活动，与政府决策部门展开良好沟通，与政府进行互惠合作。其目的是取得政府对企业在政策和资源方面的支持。

2. 媒体关系

媒体关系是公关部门最常处理的关系。媒体主要包括报纸、期刊、杂志、电视、广播、互联网媒体等。公关部门处理媒体关系的主要表现包括举行记者招待会、安排记者采访、发布企业新闻稿件、与新闻记者紧密联系，等等。公关部门应该了解不同媒体的特性，处理好与各种媒体之间的关系。

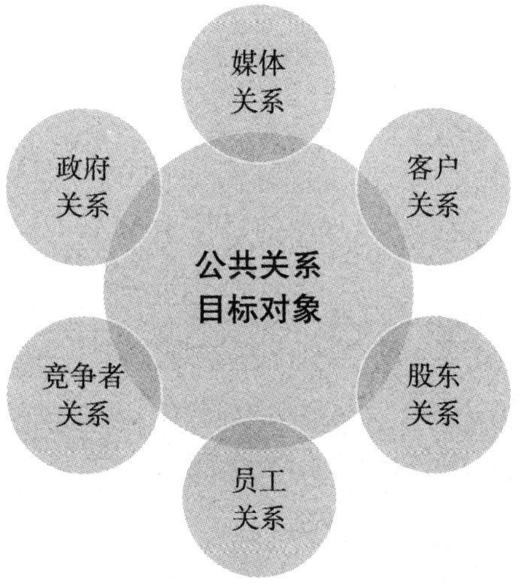

3. 客户关系

客户关系是公关部门需要处理的重要关系。公关部门处理客户关系的主要表现包括及时妥善处理客户投诉、收集整理客户的意见和建议、做好客户咨询工作等。

4. 股东关系

公关部门处理股东关系，主要是做好股东代表等关系的维护。

5. 员工关系

公关部门处理员工关系，主要是进行内部公告、内部宣传等工作。通过制作宣传手册、制订管理制度等方式进行宣传，也可以通过举行员工培训、竞赛等休闲活动处理员工关系。

6. 竞争者关系

公关部门处理竞争者关系，主要是通过了解竞争者的信息、产品等情况，建立起与竞争者信息沟通的渠道。同时还需要加强与竞争者的信息交流与合作。

三、公共关系管理部门的职责

公共关系管理部门的主要工作内容是处理企业面对的各种公共关系，细化到具体的工作职责，主要包括以下几个方面的内容。

1. 公共关系调查规划

这是企业公关部门的首要工作职责，公关部门应该充分调查、分析企业公共关系的需求，制订出切实可行的企业公关传播发展战略，并为企业公共关系管理做出中长期规划。

2. 社会活动和交流

企业公关部门应该经常参与行业内社会组织之间的沟通交流活动。并协助企业管理者与相关政府工作人员、重点客商进行沟通，经常安排业务情况介绍和接待活动。

3. 事件营销

这是一种利用社会事件进行企业营销的活动，通过借助社会大众关心的焦点事件，结合企业产品特点，适度做软文推广。

事件营销还包括策划和实施大型公关活动项目，制定媒介公关策略。主要表现为利用节庆假日进行促销宣传活动，宣传和提升企业形象。

4. 对外信息公开

企业需要及时向外界传播自身可公开的信息，这些工作都需要公关部门来完成。公关部门通过媒体、会议等渠道公开进行信息发布。同时也可以通过新闻发布会、研讨会等形式，来增加企业的受关注程度。

5. 公关广告宣传

制订公关广告传播计划、撰写企业新闻稿件，也是公关部门的主要职责，这是宣传和提升企业形象的重要手段。公关部门应该挑选合适的媒体进行广告宣传，同时还应该建立起信息收集和研究机制，将社会热点和企业相关活动结合，进行事件营销。

6. 公益活动

公关部门还应该经常发起公益活动，为企业赢得更好的口碑，为企业营造贴近民众的形象。

7. 企业标识设计

企业标识设计主要由设计部门完成，但公关部门是企业标识设计的开端。企业标识设计包括企业理念、行为和视觉识别系统的设计。

8. 危机管理

这是企业公关部门最为重要的公关职责，主要表现在建立和完善企业危机公关活动管理制度、建立危机事件预警机制和危机处理流程、处理企业公关危机事件等方面。

第四节 | 企业危机管理实操

一、危机管理的含义

所谓危机管理，就是指应对危机事件的有关机制。具体来说，是指企业为避免或减轻危机所带来的损害和影响，有组织、有计划地制定、实施一系列管理措施和策略。这些措施策略主要包括危机规避、危机控制、危机解决和危机总结等内容。

可以说，任何防止危机发生、消除危机风险的举动和措施，都可以算作危机管理。但对于一个企业来说，拥有一套完善的危机管理机制是十分必要的。企业的危机管理往往具有组织性、学习性、适应性和连续性等特征。

高效的危机管理需要在危机中发现对企业有利的因素，扭转危机对企业的影响。同时还要把握危机发生的规律，掌握处理危机的方法，最大限度减少危机造成的损失和危害，推动企业持续健康发展。

二、企业危机管理的目的

危机公关专家游昌乔将危机管理的目的总结为 6 个方面。

1. 预防危机

预防危机是危机管理的首要目的，预防和控制可以说是成本最低，也最简便的一种危机管理方法。企业在危机管理过程中，应该收集和整理所有可能出现的风险，同时还要广泛征求各方意见，对一些可能导致危机的原因进行排除。企业危机管理就是要为企业避免危机。

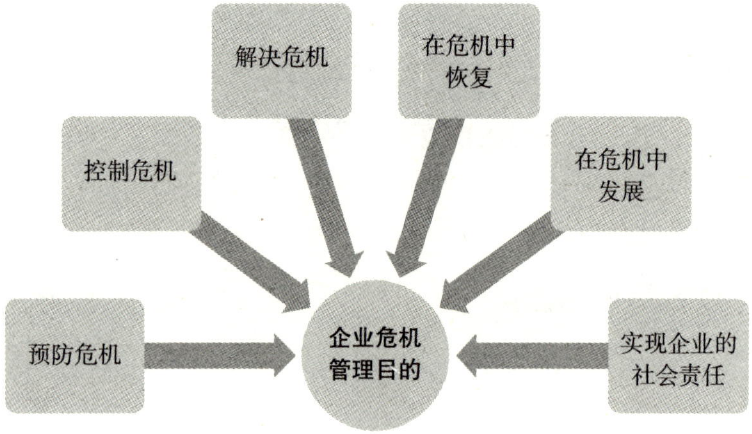

2. 控制危机

主要是指建立应对危机的部门，并制订相应的危机管理制度、流程和计划。从而确保在危机发生之时，能够从容应对，将危机控制在合理范围之内。

3. 解决危机

主要是指通过危机公关手段来阻止并消除危机。具体来说就是按照危机管理的计划和流程，来进行危机处理。

4. 在危机中恢复

危机会给企业带来一些不可预知的不良影响，企业危机管理就是为了恢复和重塑企业形象而存在的。

5. 在危机中发展

危机管理最为重要的一个环节就是危机总结。总结在危机中得到的经验和教训，可以更好地推动企业的发展。很多时候，危机对于一个企业来说，并不一定是坏事，只要处理得当，并能从中总结经验和教训，就能够在其中找到促进企业发展的机会。

6. 实现企业的社会责任

高效的企业危机管理，还能够促进社会的安定与进步。如果企业危机管理能力不足，危机处理不当，也可能会为社会造成负担，影响社会的安定与祥和。

三、企业危机管理的原则

企业在进行危机管理工作时，需要遵循以下几个方面的原则。

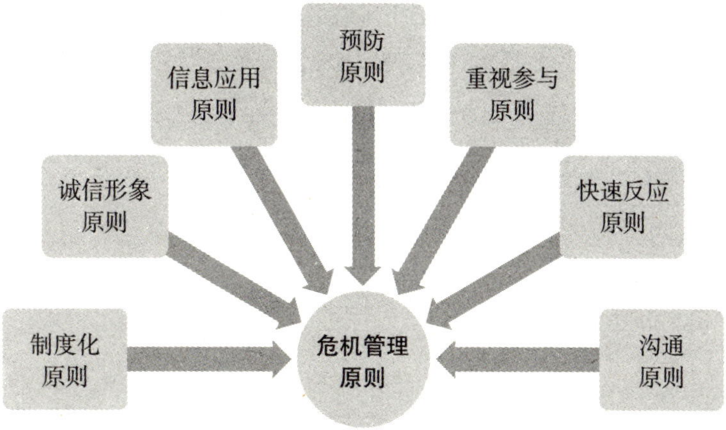

1. 制度化原则

很多时候，危机的发生是难以预测的。它往往表现为一些突发事件，这些突发事件会在短时间内对企业造成恶劣影响。为了应对这些突发事件，企业内部应该形成一套制度化、系统化的危机管理机制。

这套危机管理机制虽然在企业正常运转时起不到太大作用，但是在发生危机时会及时启动，发挥重要作用。一些规模较大的公司都有完备的危机管理机制，这也是危机事件的发生对这些企业影响较小的原因。

制度化的危机管理机制能够使企业在发生危机时快速采取措施，日常工作也能够井然有序地展开。因此，企业在建立危机管理机制的时候，一定要将危机管理制度化。

2. 诚信形象原则

诚信是企业的生命线，危机的发生大多都会影响到企业的诚信形象，严重的甚至会影响到企业的生存。企业危机管理的一项重要任务就是维护和塑造企业形象。因此，在危机管理过程中，企业要努力减少诚信形象的损失，在采取具体措施时，一定要努力维护自身的诚信形象。

3. 信息应用原则

随着信息技术的不断发展，企业危机管理也开始更多依靠良好的危机管理信息系统。通过管理信息系统，企业能够更迅速、更准确地获取信息资料，为危机管理工作提供必要的支持。

企业在进行危机管理工作时，必须建立起高度灵敏而又准确的信息检测系统，随时收集各方面的信息、及时分析处理。这样才能够将风险隐患消灭，起到预防危机的作用。

4. 预防原则

企业危机管理的工作要求“防患于未然”，预防危机也是企业危机管理的重点。为此，建立一套规范的危机管理预警机制是十分必要的。

5. 重视与参与原则

企业管理者应该积极参与危机管理工作，这是一种有效解决危机的重要举措。危机处理工作往往会涉及企业中的各个部门，同时还需要多方协调，而在企业中只有管理者能够进行统一指挥和协调。只有这样，企业危机管理工作才能协调一致、平稳进行。在很多危机管理事例中，企业管理者不重视、少参与，成为危机管理工作失败的一个重要原因。

6. 快速反应原则

危机事件的发生往往都很突然，其蔓延的速度却异常迅速，这便为企业危机管理工作造成了不小的困难。在面对危机事件时，应对速度影响着危机事件最终的解决效果。在进行危机管理工作时，一定要沉着冷静，在第一时间查清楚原因，找到危机的根源。同时企业还需要以最快的速度启动危机应对计划，并迅速制定出相应的对策。

7. 沟通原则

沟通是企业危机管理中的重要内容。在危机管理工作中，企业需要与员工、媒体、政府、消费者等众多相关者进行沟通。沟通能够有效消除危机为企业带来的负面影响，因此，企业应该树立起沟通意识，在危机事件处理过程中，及时与利益相关者进行沟通，将事件真相告知公众，争取获得社会舆论的谅解与支持。

四、企业危机管理流程

根据危机事件的发展过程，我们可以将危机管理工作分为 3 个不同阶段。

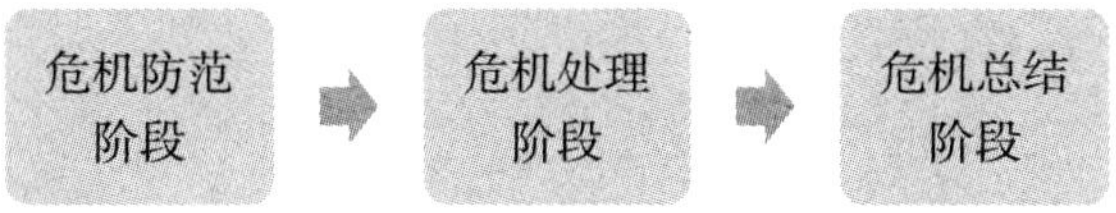

1. 危机防范阶段

在危机防范阶段中，主要需要做好以下几个方面的工作。

①组建企业危机管理应对小组；

②观察危机发生前兆，分析危机影响程度；

③高度重视危机事件，预先制定科学周密的危机应对策略；

④进行危机管理训练，提高危机事件应对能力。

2. 危机处理阶段

在危机处理阶段中，主要需要做好以下几个方面的工作。

①在危机发生后，迅速采取有效措施隔离危机，阻止事态继续发展，并迅速找出危机发生的原因；

②迅速启动危机应对策略，防止事态扩大；

③将公众利益放在首位，努力维护企业形象，获取长远利益；

④在危机应对策略开展过程中，要随机应变，针对具体问题，随时提出修正措施，应对危机蔓延。

3. 危机总结阶段

在危机总结阶段，主要需要按照以下几个步骤开展工作。

①调查：迅速对危机发生的原因和相关预防、处理措施进行系统调查；

②评价：对危机管理工作进行全面评价，详细罗列危机管理工作中出现的各种问题；

③整改：针对危机管理工作中出现的问题，进行归类汇总，提出整改措施。

五、企业危机管理的对策

在企业经营管理活动中，可能遇到的危机是多种多样的，无论是哪种形式的危机，都会对企业发展造成不小的影响。企业危机管理工作就是将这些危机消灭，把危机可能造成的巨大损失降到最低。

不可否认，危机事件具有偶发性，但危机管理工作马虎不得。企业应该建立起完善的危机管理机制，制订全面的危机管理对策，只有这样，才能将危机事件的负面影响最小化。

一般来说，企业危机管理的对策主要包括以下几个方面的内容。

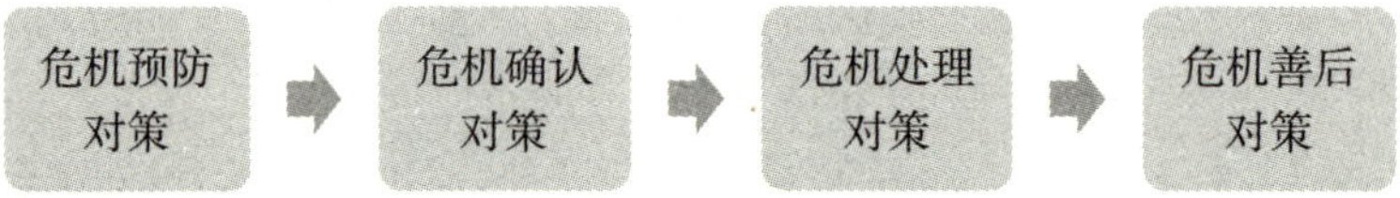

1. 危机预防对策

①树立危机意识

企业在进行危机管理时，一定要树立一种危机意识，要让员工将危机预防作为日常工作的一种。企业除了要对全体员工进行危机管理教育，还应该经常开展危机管理培训。这样才能提高员工进行危机管理的能力，提高员工面对危机的心理素质，进而提高整个企业的危机管理能力。

②建立危机预警系统

预防危机需要准确、灵敏的预警系统。企业在进行危机管理工作时，应该做好信息监测工作，随时收集多方信息，进行分析处理。在收集和分析信息后，还需要对可能到来的危机进行预测，并在必要时发出危机警报。

③建立危机管理机构

企业危机管理工作需要全体员工共同参与，但起主要作用的还是危机管理机构。它不仅是危机处理时必不可少的主要力量，也是日常危机管理工作的执行者。建立危机管理机构是危机管理工作的开端，在危机管理机构成立之后，才能更好地开展危机管理工作。

④制订危机管理计划

在企业危机管理机构成立之后，就需要根据一些可能发生的不同类型的危机，制订一套完整的危机管理计划。在危机管理计划中，应该包括各种危机的具体影响形式，以及解决流程与方法。

2. 危机确认对策

危机确认工作必须准确无误，这需要危机管理人员做好日常的信息收集和分类管理工作。危机管理人员要善于发现危机发生前的信息，在出现危机前兆时，迅速确定危机类型，并安排好后续的危机处理工作。

3. 危机处理对策

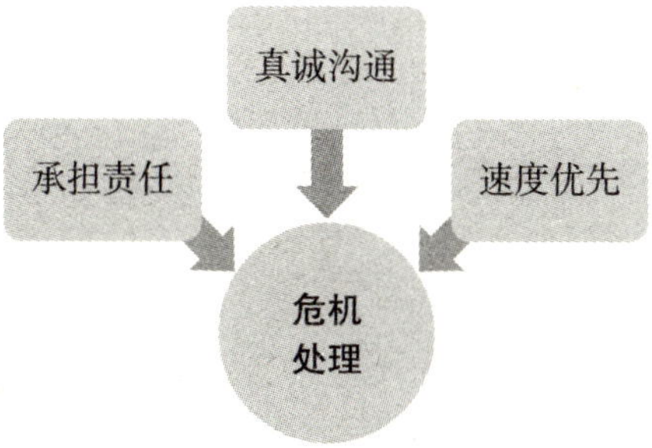

①承担责任

在危机发生之后，企业应该主动承担责任。虽然危机发生之初，危机发生的原因并不明晰，但在出现受害者的情况下，企业要主动承担责任。在承担责任之后，企业应该迅速对危机事件展开调查、处理，如果事件过于复杂，企业应首先承担相应责任，对受害者加以补偿。待事件原因查明之后，再将原因向公众公布，最后视情况采取有效措施。

②真诚沟通

在危机事件中，企业往往会处于舆论的旋涡之中。企业的一举一动都会成为公众和媒体关注的焦点。为此，在对外沟通时，企业应该主动与媒体或公众联系，态度越真诚，就越有利于消除负面影响，促进双方理解。

③速度优先

企业在处理危机事件时，一定要迅速。好的消息传播速度可能不快，但坏的消息能够像病毒一样迅速传播。这种时候，企业能否在信息扩散开来之前，解决危机事件，决定着危机管理的最终效果。

在面对危机事件时，企业应该当机立断、迅速行动。如果不能迅速控制事态，就会让危机范围扩大，甚至可能会失去对事件的掌控。在危机事件发生的第一时间能够控制住事态是处理危机事件的关键。

4. 危机善后对策

危机的善后工作主要是消除危机的影响，总结危机带来的经验教训。在危机发生之后，企业形象必然会受到影响，这时，企业就需要开展一些善后对策来弥补企业形象的损失。

①危机评估和总结

在危机事件后，企业需要对危机事件中的管理工作进行全面评价，找出其中存在的问题。

②对问题进行整改

大多数危机事件的发生，都与企业管理不善有着密切的关联。通过评估和总结可以发现企业管理中存在的问题，在发现问题之后，管理者需要责令相应部门进行问题整改。

③寻找商业机会

有些危机事件会给企业创造新的机遇，对于这一点，管理者应该给予足够的重视。管理者应当学会利用危机探索企业经营新方法，有些时候，危机也能为企业带来商机。

危机是每个企业在发展过程中都会遇到的，管理者不能片面地将危机看作是企业的失败，很多时候，危机中也孕育着商机。企业危机管理是企业发展战略中的一项重要内容，企业在进行创新发展的同时，也应该将危机管理与创新结合在一起。很多时候，善用危机能够为企业带来不小的经济效益，企业的整体素质和综合实力也会得到显著提升。

附录：企业客户和公关管理基本表单

客户归类汇总表

序号	公司名称	联系人	职务	联系方式	公 司 地 址	所属行业	客户类型	客户等级

客户业绩统计及信用评估表

客户名称：

销售序号	合同号	合同存异与变更情况	信用评估	提货量	提货日期	货物价款	货款回收	回收日期	信用评估	累计销售	累计回款	当期信用评估	上年同期信用
平均评估													

客户投诉管理卡

客户名称							
投诉时间		投诉主题		投诉人		接诉人	
回复时间		处理人		回复人			
投诉内容							
投诉分析							
处理办法							
处理结果							
客户反馈							
备注							

客户拜访档案记录

客户名称：

拜访序次	拜访目标	面谈者	商谈内容及问题	商谈结果	存留异议	解决预案	结束面谈时间	下次计划时间

业务工作日志

业务员：　　　　　　　　　　　　　　　　　　　　　年　月　日

客户拜访记录	客户	拜访时间	拜访对象	访谈内容	会谈结果	备注
	市场分析			产品分析		

销售回款记录	客户	合同号	合同产品	预估成交量	合同金额	缴款金额	备注

公司内部事务	时间	协调部门	事件	完成情况	备注

主管评价	

出纳：　　　　　　　　会计：　　　　　　　　主管副总：

部门主管：　　　　　　制表人：

客户资料管理卡

公司名称			电话		传真	
地址					邮编	
企业类型			注册资金			
营业内容						
营业概况	内外销比					
	营业性质					
	信用状况					
	营业状态					
	员工人数					
	淡旺季分布					
	最高购买额 / 月					
	平均购买额 / 月					
主要负责人概况	姓名	职务	电话	主管业务	备注	
使用本公司主要产品						
首次交易时间						
备注		总经理	经理	主管	制单	

新开发客户报告表

报告人：

客户名称		电话	
公司地址			
主办人员		电话	
推销产品			
第一次交易额及产品名			
开拓经过			
备注			
批示			

客户信用评估与建议

编号：　　　　　　　　　　　　　　　　　　　　　　　　　　　年　月　日

<table>
<tr><td>客户编号</td><td></td><td colspan="2">建议发货最高限度</td></tr>
<tr><td>客户名称</td><td></td><td colspan="2" rowspan="2"></td></tr>
<tr><td>成立日期</td><td></td></tr>
<tr><td rowspan="3">预计销货</td><td colspan="3">向本公司采购产品：</td></tr>
<tr><td colspan="3">每月平均采购数量、金额：</td></tr>
<tr><td colspan="3">采购旺季：</td></tr>
<tr><td rowspan="4">客户业务状况</td><td colspan="3">销售产品名称：</td></tr>
<tr><td colspan="3">平均月销售量：</td></tr>
<tr><td colspan="3">销售地区比例：</td></tr>
<tr><td colspan="3">未来营运方针：</td></tr>
<tr><td rowspan="6">结论</td><td colspan="3">商场经营经验：</td></tr>
<tr><td colspan="3">市场销售能力：</td></tr>
<tr><td colspan="3">财务状况：</td></tr>
<tr><td colspan="3">关系企业名称：</td></tr>
<tr><td colspan="3">其他供应厂商：</td></tr>
<tr><td colspan="3">对该公司意见：</td></tr>
</table>

问题客户检核表

公司名称	销售负责范围及所在位置	移动方向	问题点	对策

批示：　　　　　　　　　　　　　　　审核：

经销商寻访计划表

负责人			负责区域	
寻访计划安排				
序号	访问日期	访问对象	寻访内容	预达目标
主管意见			主管:	
总监意见			主管:	

经销商信息资料表

企业名称			法人	
地址			邮编	
联系人		职务	电话	
月销售额		年销售额	资金状况	
卖场数量		经营面积	员工数量	
现经营产品品牌				
我公司产品进货情况				
我公司产品销售情况				
我公司产品库存情况				
合作订货意向				
营销网络现状				
需要支持事项				
结算方式				
价格				
运输				
其他信息				

业务员：

危机调查报告表

编号： 年 月 日

调查人姓名		部门	
调查事件			
调查日期		调查地点	
危机原因			
危机概况			
所造成的损失			
公关主管意见			
综合管理部经理意见			

Chapter 8

企业合同管理

第一节 | 企业合同管理概述

一、企业合同管理的内容

企业合同管理的目的是履行实现合同价值。通过按照合法、规范的要求，对企业合同的拟定、修改、审查、签订、履行、变更、解除、终止、合同纠纷处理及保管归档工作进行规范化管理，达到防控法律风险、维护企业合法权益的目的。

企业合同管理工作的主要内容

- 建立合同管理机构
- 健全合同管理规章制度
- 加强对合同订立、履行阶段的管理

签订、履行、变更、解除、转让、终止是企业合同管理的基本内容，而审查、监督、控制则是合同管理的必要手段。

随着市场经济的不断发展，合同管理已经成为企业的一项重要管理工作。现代企业的合同管理工作，主要包括以下几个方面内容。

1. 建立合同管理机构

企业合同管理工作虽然是企业管理工作的重要组成部分，但与其他管理工作相比，合同管理已经超越了企业自身的限制。合同管理涉及大量的专业法律问题，因此，企业的合同管理工作应该交给企业的法律部门进行管理。

当然，在法律部门管理企业合同的同时，其他部门也应该参与一些与本部门相关的合同管理工作。企业合同管理部门对企业合同的签订和履行负有监督和检查的责任，企业其他部门应该负责好本部门合同的签订和履行，并定期向合同管理部门汇报相关合同的执行情况。

2. 健全合同管理规章制度

管理者要想使企业合同管理更加科学、规范，就需要从完善企业管理制度入手，制订出切实可行的合同管理制度，这样，企业的合同管理工作就会变得有规律可循。

合同管理制度应该包括：合同的归档管理，合同资信的调查、签订、审批、会签、审查、登记、备案，合同示范文本管理、合同履行与纠纷处理、合同定期统计与考核检查、合同管理奖惩与考核等内容。

通过建立完善的合同管理制度，可以让企业合同管理的层次更加清晰，权责更加明确，从而使合同管理的整个流程都处于管理部门的有效控制之中。

在订立企业合同管理制度的同时，还需要提高企业合同管理人员的综合水平。企业合同管理人员的能力和素质，直接影响着合同管理工作的质量。企业应该加强对合同管理人员的技能培训，在提高合同管理人员专业能力的同时，增强其法律意识。

3. 加强对合同订立、履行阶段的管理

合同订立阶段主要包括合同调查、合同谈判、合同起草、合同审批、合同签署、合同登记归档等环节。合同履行阶段主要包括合同履行、合同补充和变更解除、合同结算、合同纠纷处理等环节。

合同订立阶段

- 合同调查
- 合同谈判
- 合同起草
- 合同审批
- 合同签署
- 合同登记归档

合同履行阶段

- 合同履行
- 合同补充、变更、解除
- 合同结算
- 合同纠纷处理

根据《中华人民共和国合同法》的有关规定，合同一般需要具备以下几点条款内容。

1. 标的

这是合同必须明确约定的条款，也是任何合同成立的必备因素。如果标的是动产，则应在合同中明确名称、规格、型号、性能以及相应的参数信息等内容。如果标的为不动产，则应该在合同中表明名称和具体地点。如果标的为服务、劳务、施工等行为，则应该在合同中标明行为的名称、性质、范围以及具体的开展方式等内容。如果标的为知识产权，则应该在合同中明确名称、性质、权利状况和性能用途等信息内容。

2. 数量

标的的数量也是合同中的重要内容，在审查合同内容时，尤其要注意标的数量的计量单位和计量方法，以及具体的数目是否正确。

3. 质量

对于有国家强制性标准的，一定要在合同中明确标准代号的全称。如果有多种可适用标准的，则应该在合同中明确适用哪一种，并明确质量检验的方法、责任期限和条件等内容。

4. 价款或报酬

价款或报酬条款应该明确支付的货币币种，以及合同金额是否含税，是结算金额，还是估算金额。同时还要明确支付方式是现金、汇款、转账、支票等方式中的哪一种，并要有付款条件和时间等内容。

5. 履行期限、地点和方式

履行期限、地点和方式也是合同的重要条款，在合同中应该约定清楚。

6. 违约责任

违约责任条款应该明确承担违约责任的条件、时间和方式。同时还要注意对方提供的合同文本中约定的违约责任是否公平。

7. 争议解决方式

常用的争议解决方式主要有两种，即仲裁和诉讼。合同双方可以协商确定选择哪一种方式，这一条款必须在合同中标明。

二、企业合同管理的意义

在市场竞争日趋激烈的今天，企业合同管理也成了影响企业经济效益获得的重要因素。作为企业管理的一项重要内容，做好企业合同管理主要有以下几个方面的意义。

规范的企业合同管理

- 为企业树立良好的形象
- 帮助企业更好地参与市场竞争
- 有效减少企业的经营风险

1. 良好的企业合同管理，可以为企业树立良好的形象

在市场竞争中，诚信形象是企业必须具备的，通过规范化的合同管理，企业可以树立起良好的诚信守约形象。

2. 良好的企业合同管理，有助于企业参与市场竞争

企业在市场中开展的各种交易行为，都与合同有着密不可分的关系。企业生产要签订买卖合同；货物运输需要签订运输合同；发生资金借贷需要签订借贷合同；建设工程需要签订工程合同、技术合同、承揽合同……可以说，企业的绝大多数生产经营活动都与合同密切相关。

因此，合同的履行情况将直接影响到企业生产活动的进行，以及企业在市场竞争中的声誉。企业只有遵循合同订立和履行的要求，才能够更好地参与到市场竞争之中。只有学会合理利用和管理合同，才能够适应激烈的市场竞争。

3. 良好的企业合同管理，可以有效减少企业的经营风险

合法签订和履行合同内容是确保企业获得经济效益的重要途径。加强对合同履行环节的监督和审查，可以减少潜在的经营风险。企业管理者通过对合同履行

情况进行跟踪管理，及时解决合同履行中遇到的问题，可以确保企业经济效益的获得，减少因合同问题而出现的经济损失。

三、企业合同管理的目标

企业合同管理的目标贯穿企业合同管理活动的全过程，既是合同管理活动的起点，也是合同管理活动所要达到的结果。具体来说，企业合同管理工作的目标表现在以下几个方面。

1. 保证合同效力

企业进行合同管理的一个直接目的就是保证企业合同的质量。如果企业签订的合同是无效、甚至违法的合同，那即使合同对企业有利，最终的结果可能也会得不偿失。因此，企业进行合同管理工作就是为了规范企业合同，这样不仅能够减少合同纠纷，也能够保障企业自身的合法权益。

2. 化解企业合同风险

企业合同风险不仅来自合同的签订，在合同履行过程中，也可能会遇到风险。因此，企业通过合同管理工作可以及时有效地化解企业合同风险。

3. 塑造企业重合同、守信用的良好形象

信誉和形象是企业的无形资产，重合同、守信用则是企业参与市场竞争的基本条件。企业通过合同管理工作，制订明确的合同管理制度，目的就是对外树立起良好的企业形象，为企业的长远发展打下坚实的基础。

四、企业合同管理流程分析

合同在为企业经济活动提供保障的同时，也为企业带来了各种各样的法律风险。作为重要的企业管理活动，企业合同管理者不仅需要注重企业合同管理制度的建立，同时还要关注企业合同管理的流程体系及细节内容。

一般来说，企业合同管理流程可以分为合同订立阶段的管理和合同履行阶段的管理。在这两个阶段中，又有许多不同的流程细节，这些内容在前面已经进行了简单介绍。在这里，我们主要选取其中的几个关键流程环节，进行详细介绍。

1. 合同调查

在合同订立前，企业应该进行充分的合同调查，在了解了合同双方的主体资格和资信水平等情况后，确保对方拥有履行合同约定的能力，再进行合同签订。

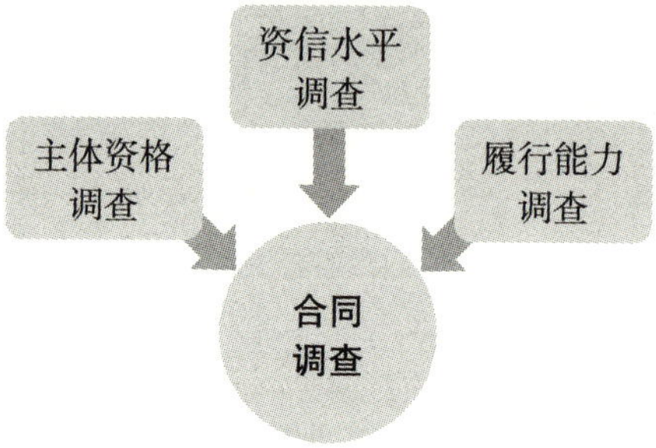

①主体资格调查

主体资格调查主要是调查对方是否具有相应的民事权利能力和民事行为能力。具体可以审查对方的身份证件、法人登记证书、授权委托书等资料。在必要时，还可以联系发证机关核查对方证件的真实性和有效性。

②资信水平调查

资信水平调查主要是调查对方的财务能力是否能够保证其履行合同。具体的调查内容包括对方的注册资本、财务报告和银行资信证明等。企业需要根据这些内容评估对方的财务能力，并作出是否签订合同的决定。

③履行能力调查

履行能力调查主要是调查对方履行合同标的的能力。具体方法有了解对方的生产能力、技术水平等情况，现场调查对方的生产情况和技术水平，从而确定其是否具有合同履约能力。

在进行完合同调查之后，企业便可以作出是否签订合同的决策，随后便可以继续进行合同订立阶段的下一环节。

2. 合同文本的审查

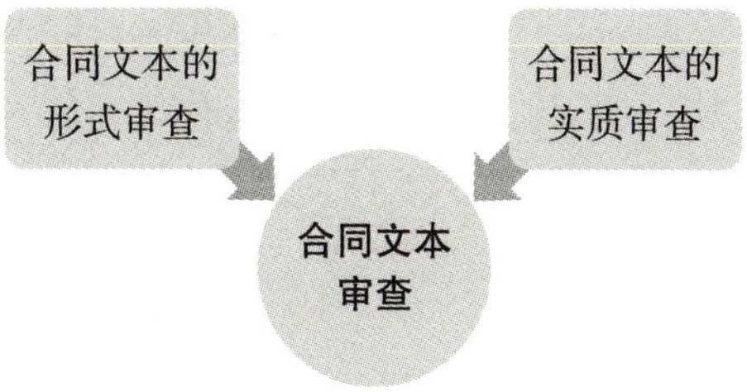

合同文本的审查主要由企业合同管理部门的专业人员进行审查，具体的审查形式包括形式审查和实质审查两个部分。

①合同文本的形式审查

合同文本的形式审查主要需要审查合同的首部、主体和尾部三部分内容。其中合同首部包括合同名称、合同编号、双方当事人名称和签约的法律依据。合同主体主要是指《中华人民共和国合同法》中规定的合同主要条款。合同尾部是合同文本的签署部分，主要包括双方当事人的名称、地址、电话、法定代表人和签约时间等内容。

②合同文本的实质审查

合同文本的实质审查主要是指对合同的真实性、合法性、公平性、有效性和可操作性等进行审查，主要是为了防范可能出现的合同纠纷，保障企业的合法权益。

3. 合同签署

经过审查之后的合同进行签署时，必须经过双方法定代表人或其授权代表人签署。签署的合同应该加盖合同专用章，同时还要在合同各页码之间加盖骑缝章，对合同文本进行控制，防止已签署的合同被篡改。

企业在使用合同专用章时应该进行登记，合同专用章应由专门的合同管理人员保管。在没有履行合同审查或者没有经过法定代表人或委托代理人签字的情况下，合同管理人员不能擅自加盖合同专用章。空白的纸张也不能加盖合同专用章。

4. 合同履行

在合同订立之后，双方当事人应该按照约定来履行自身的义务，同时还需要遵守诚实信用原则。根据合同的性质、目的等履行相应的义务。

在合同履行中可能出现各种各样的问题，合同订立双方应该在协商一致的情况下进行解决。当双方无法通过协商的方式解决时，就需要根据《中华人民共和国合同法》的相关规定解决。为了防止在合同履行时出现各种问题，在合同订立阶段最好将各种合同履行过程中出现的情况，加入到合同条款之中。

5. 合同变更

合同变更主要包括以下几种情况。

①双方当事人在协商一致的基础上变更合同。如果任何一方单方面变更合同，则应该承担违约责任。

②因重大误解、显失公平、欺诈、胁迫、乘人之危等方式订立的合同，可以进行变更。

其中，重大误解是指一方因为自己的过错对合同的主要内容产生明显误解，其后果会使误解者的利益受到较大损失，或者达不到误解者订立合同的目的。

显失公平则是指一方在订立合同时，因为情况紧急或缺乏经验订立的合同对自己明显不利。

乘人之危是指利用他人处于危难境地或者紧急情况，强迫对方接受某些明显不公平的条件，做出违背其真实意思的表示。

③不可抗力也可能引起合同的变更。

在《中华人民共和国合同法》中，不可抗力是指不能预见、不能避免并不能克服的客观情况。当出现不可抗力，导致合同变更时，合同任何一方都不需要承担违约责任。但如果合同一方因为不可抗力而不能履行或不能全部履行合同的，需要及时通知对方，向对方说明情况，并提供相关机构的证明资料和文件。

6. 合同解除

合同解除是指在合同有效期内，或者尚未履行、尚未完全履行时提前终止合同的效力。在双方当事人协商一致的情况下，可以解除合同。

因发生当事人在合同中约定的解除条件而解除合同的方式，被称为约定解除；因发生法律直接规定的可以解除合同的条件而解除合同的方式，被称为法定解除。

第二节 | 担保合同管理

一、担保合同的概念

徐骞经常听村里的老人说后山里有金矿，他在后山的小河里也淘过金砂。由于村子交通闭塞，徐骞便自己组建了一个挖矿队，打算开采后山的金矿。

同村的张森早年就在外面做生意，家境殷实。徐骞打算跟张森借笔款，购置挖矿所需设备与劳工。徐骞跟张森签订了担保合同，并找来村长做二人的担保人。张森让徐骞拿点东西做抵押。徐骞想了想，就把自己家占的几亩地做了抵押。

一番搜寻后，徐骞并没有找到金矿，当然也无力偿还张森的借款。张森拿着二人的合同，准备收回徐骞家的地。但来到徐骞家一问，张森就傻了眼。

原来，村子里划给每个人的地都没有地契，按法律规定，应属于集体所有。徐骞没有权力将土地抵押给张森，土地也属于法律规定的禁止流通物。

也就是说，张森手里的这份担保合同，根本就是份无效合同。

担保合同指的是为了敦促债务人履行自己的债务，保障债权人的债权能够实现，而在债权人、债务人与第三人（担保人）之间，或在债权人（担保权人）与债务人之间经过协商形成的协议。如果债务人没有履行或没办法履行其债务，就可以通过担保合同来保证债权人的债权得以实现。

由此可见，担保合同的意义就在于明确担保权人与担保人之间的权利及义务关系，在于保障债权人的债权能够实现。

担保合同是民事合同中极为重要的合同形式。在《中华人民共和国合同法》

中，并未对担保合同进行单列一章的规定，但这绝不意味着担保合同不重要，而是因为担保合同属于“从合同”，需要与其他主合同放在一起。

在抵押合同中，那些必须办理抵押物登记的，从抵押物登记的当天生效；自愿办理抵押物登记的合同，在签订的当天生效；质押合同从质物移交给质权人占有之时生效；定金合同在定金的实际交付日生效。

下面是6点避免合同诈骗的方法。

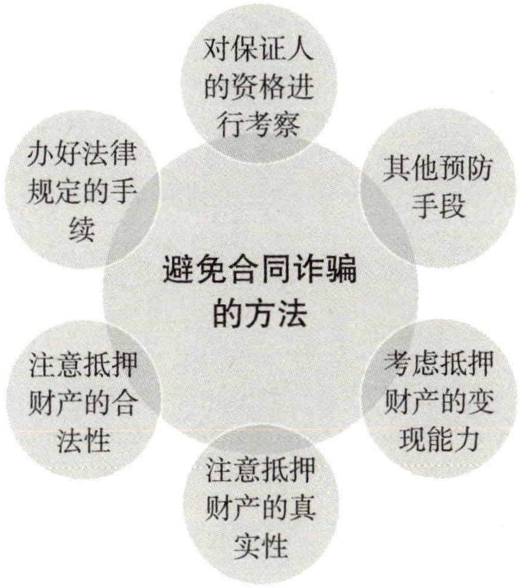

1. 注意抵押财产的合法性

这也是案例中出现的问题。徐骞用来抵押的财产，根本无法进入民事流转程序，而且违反了法律的禁止性规定。

抵押物合法性应从以下几点进行考察：抵押物是否为根本不可变现的物品；是否为法律禁止流通物；抵押人是否有权抵押该物品。同时，也需要对担保人的身份进行考察，以防止因担保人身份不符合法律、法规规定，而导致担保合同无效。

2. 注意抵押财产的真实性

抵押财产要从法律方面确定没有缺陷，确实是抵押人所拥有的财产；抵押财产没有其他法律负担，在之前没有进行过抵押，也没有进行过多重抵押；抵押财产的价值没有超过抵押财产的本身价值。

3. 考虑抵押财产的变现能力

对于抵押财产，要充分考虑其变现能力。也就是说，要让抵押物真实合法，让抵押财产的变现能力不会因为各种原因而降低，致使债权人的利益受到损失。

另外，要充分考虑到抵押财产可能出现不能变现的情况，对于一些价值虽高，但专业性很强的设备等财产应当特别注意。一般来说，专业性很强的财产都很难进行变现，因此不要接受这样的抵押。

4. 对保证人的资格进行考察

采用保证形式进行担保时，对保证人的资信能力与信誉都要进行仔细的考察。同时，要注意担保人是否为法律限制进行担保的主体，在担保合同中，经常出现因担保主体不符合法律相关规定而致使担保无效的情况。

5. 办好法律规定的手续

与担保人签订的担保合同必须是书面形式。按照法律相关规定，需要对抵押登记进行办理。规定到不同的登记部门去办理抵押登记手续的，抵押合同从登记的当天开始生效；对法律没有规定办理抵押登记的，为了防止受到诈骗，可以到当地的公证机关办理登记手续。

6. 其他预防手段

在签订合同之前，可以运用合法的调查手段，通过不同的渠道对担保财产的真实性与合法性进行核实。抵押权人要提出要求，自己所接受的抵押财产凭证必须为原件。对数额较大的不动产，则要求抵押人提供相关机构给出的资产评估报告。

二、担保合同的特征

前面已经提到了，担保合同是一种“从合同”。因此，它也有自己的重要特征。

1. 担保合同具有“从属性”。

“从属性”又称作附随性、伴随性，指的是担保合同的成立与存在必须通过一定的合同关系为前提。

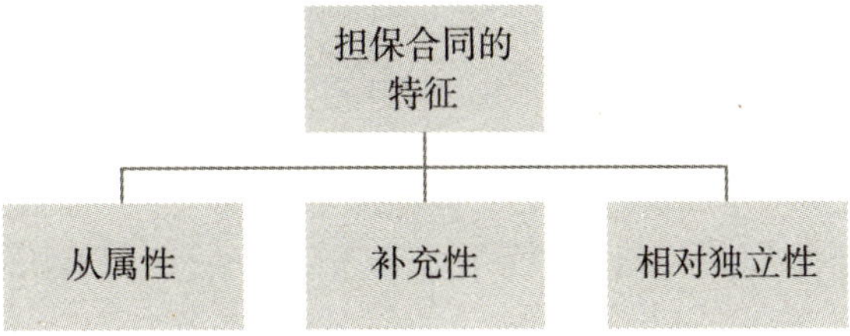

被担保的合同关系是一种主法律关系，而为其设立的担保关系则是一种从法律关系。担保合同的订立，就是为了保障所担保债务的履行，保护交易安全与债权人的利益。

担保合同的从属性主要表现在以下 4 个方面。

①成立方面的从属性，也就是说，担保合同的成立应当以相应的合同关系的存在与发生为前提。此外，担保合同所担保的债务范围，也不得超过主合同债权的范围。

②处分方面的从属性，即担保合同需随着主合同债权的移转而移转。

③消灭方面的从属性，也就是说，如果主合同关系消灭，为其设定的担保合同关系也会随之消灭。

④效力方面的从属性，担保合同的效力需按照主合同而定。担保合同的订立时间，可以是与主合同同时订立，也可以是主合同订立在先，担保合同随后订立。

2. 担保合同具有“补充性”。

担保合同的补充性，指的是合同债权人所享有的担保权或担保利益。关于担保合同的补充性的主要体现有以下两个方面：

①责任财产的补充。当担保合同有效成立后，就会在主合同关系的基础上产生某种权利与义务的关系，这也使得债权实现的责任财产得以扩张，让债权人享

有特定财产的优先权，增强债权人实现债权的可能性。

②效力的补充。当主合同关系因为适当履行而正常终止时，担保人在担保合同中的义务并不会实际履行。只有当担保合同中的债务没有进行履行时，担保人才需履行自己的义务，让主债权得以实现。

3. 担保合同具有“相对独立性”。

担保合同的相对独立性，指的是担保合同虽然属于从合同，但也有相对独立的地位。换言之，担保合同能相对独立于被担保的合同债权而发生或存在。

担保合同的相对独立性主要表现在以下两个方面。

①发生或存在的相对独立性。这也是担保合同中的一种独立法律关系。与其他合同的成立相同，担保合同的成立也必须有当事人的同意，或者按照法律相关规定而发生。与被担保的合同的债权成立或发生分属于两个不同的法律关系，需接受不同的法律调整。

②效力的相对独立性。按照当事人的约定或相关法律的规定，担保合同可以单独发生效力，无须依附被担保的合同债权。此时，被担保的合同债权是无效、失效或不成立的，这对已经成立的担保合同的效力不发生影响。此外，担保合同有独立的成立、生效条件，也有其消灭的原因。担保合同无效，对其所担保的合同债权不产生影响。

从担保合同的含义上讲，就是为了保障债权是当事人在公平、自愿、平等、诚实信用的原则基础上设立的。

三、担保合同的内容与法律关系构成

担保合同的内容就是由担保权利与担保义务共同组成的权利义务关系。债权人的担保权，由于“人的担保”与“物的担保”的性质不同，也表现出不同的属性。

在人的担保，即“保证”中，担保权是作为债权性的请求权存在的，属于债权范围；在物的担保中，则作为物权性的优先受偿权存在，因此又被称为担保物权。这两者之间的效力相差比较明显。

与此相对应的，担保义务人的义务，在人的担保中其实是一种债务。而在物的担保中，则是一种物权负担。

我们先看保证合同的内容，通常包括债务人履行债务的期限；双方认为需要约定的其他事项；被保证的主债权种类、数额；保证的方式；保证担保的范围；保证的期间；保证合同不完全具备前款规定内容的，可以补正。

质押合同的内容主要包括债务人需要履行债务的期限；质物的名称、数量、质量和状况；被担保的主债权种类、数额；当事人认为需要约定的其他事项；质押担保的范围；质物移交的时间性；质押合同不完全具备前款规定内容的，可以补正。

从担保合同的法律关系构成看，主要包括主体、客体与内容三要素。

当以下三种情况出现时，即意味合同无效。

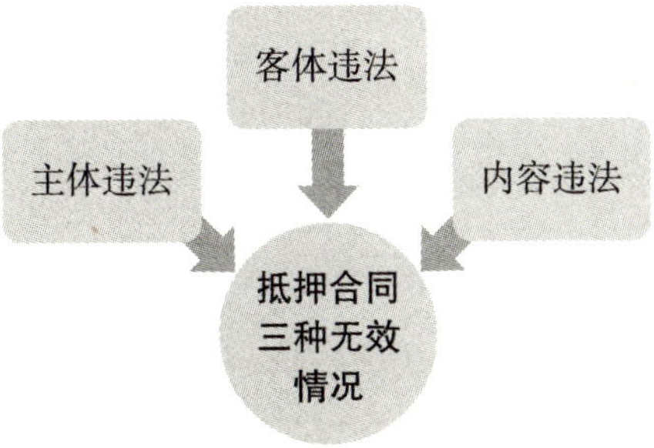

1. 主体违法

主体即合同的当事人，若当事人是无行为能力人，或者限制行为能力人，则该合同无效；若保证人的资格不合法，则合同无效；法律规定的其他情况也会致使合同无效。

担保合同的主体不合格，必然会导致担保合同的无效。比如无行为能力人，或者限制行为能力人独自签订的担保合同，就被认定为无效合同。

未经国务院批准的保证人单位，即被国家禁止的保证人单位，如未获得批准的国家机关、学校、医院等以公益事业为目的的单位、团体或机构，所签订的保证合同都被认定为无效合同。

2. 客体违法

当抵押财产被担保法所禁止时，合同无效；当抵押或质押财产为赃物或他人遗失物时，合同无效。若担保合同的客体违背了国家的法律法规及公序良俗，则被认定为无效合同。

担保合同不能以人身为标的进行设立；不能以法律明确规定的非抵押物、财产作为标的，如担保合同以土地所有权作抵押标的的则为无效合同；担保的内容如果危害社会公共秩序则为无效合同，如保证人向债权人保证，若不偿还债务就进行人身伤害等，这样的担保合同也是无效的。

3. 内容违法

当合同的债权人存在以欺诈、胁迫的手段，或者违背他人真实意愿的情况，则合同无效。

在签订、履行合同过程中，经常会出现当事人通过虚构事实、隐瞒真相或设定陷阱等方法骗取财产的行为。

担保合同是从合同，是依附在主合同上的合同。当主合同无效时，身为从合同的担保合同自然也是无效的。如果当事人有在担保合同中另做约定，比如有不得撤销的担保时，则需按照当事人所约定的内容进行处理。

从担保合同的性质看，担保合同是从合同。担保合同的目的就是保证主合同得以实现。因此，若没有主债合同的存在，就没有设立担保合同的必要。担保合同必须是主债权债务合同的前提条件，并与之同始共终。

关于担保合同的效力认定，也需要从几个方面进行考察，比如主合同是否成立有效、担保合同的主体、客体和内容是否合法妥当等。担保合同一经确认无效，其民事责任也需由当事人根据各方的过错程度予以承担。

附录：企业合同管理基本表单

合同申报表

编号：

<table>
<tr><td>申报单位或部门</td><td colspan="2"></td><td>承办人</td><td colspan="2"></td></tr>
<tr><td>合同名称</td><td colspan="2"></td><td>标的额</td><td colspan="2"></td></tr>
<tr><td>合同主要条款</td><td colspan="5">合同承办人：
年 月 日</td></tr>
<tr><td colspan="2">承办部门经理意见</td><td colspan="2">工程管理部意见</td><td colspan="2">工程副总经理
或项目负责人意见</td></tr>
<tr><td colspan="2">年 月 日</td><td colspan="2">年 月 日</td><td colspan="2">年 月 日</td></tr>
<tr><td>公司总经理意见</td><td colspan="5"></td></tr>
</table>

合同交接表

部门：

序号	合同编号	合同名称	交送人	接收人
1				
2				
3				
4				
5				
6				

合同说明书

合同名称：

<table>
<tr><td>对方单位</td><td colspan="4"></td></tr>
<tr><td>合同审批人</td><td colspan="2"></td><td>合同金额（万元）</td><td></td></tr>
<tr><td rowspan="10">合同主要条款</td><td>1. 合同标的概况</td><td colspan="3"></td></tr>
<tr><td>2. 对方履行地点、履约保证金</td><td colspan="3"></td></tr>
<tr><td>3. 进度款支付方式</td><td colspan="3"></td></tr>
<tr><td>4. 结算方式</td><td colspan="3"></td></tr>
<tr><td>5. 质量要求、质保金</td><td colspan="3"></td></tr>
<tr><td>6. 甲供材料范围</td><td colspan="3"></td></tr>
<tr><td>7. 工期要求</td><td colspan="3"></td></tr>
<tr><td>8. 违约责任</td><td colspan="3"></td></tr>
<tr><td>9. 解决争议方式</td><td colspan="3"></td></tr>
<tr><td>10. 其他内容</td><td colspan="3"></td></tr>
</table>

合同跟踪单

合同承办单位：　　　　　　　　　　　　合同分管员：

合同编号		标的额	
合同名称		合同承办部门	
合同收款单位		联系人	
合同付款单位		联系人	
合同签订日期		合同履约期限	
合同履行程度			
资金收付情况			
收付日期	付款金额	收款金额	
合计			
履约处罚情况			
合同本次申请支付情况	付款日期	付款金额	
合同办结确认			

合同履约评审表

单位名称：　　　　　　　　　　　　合同编号：

合同承办部门		履行不良对方单位	
合同名称		合同签订日期	

合同履行情况：

合同分管员：　　年　月　日

续表

评审会议意见：   评审人员签名：　　年　月　日
合同分管副总经理意见：   合同分管副总经理：　　年　月　日

填表人：　　　　　　审核人：

合同台账登记表（月份）

单位名称：　　　　　　报告日期：

合同编号	合同名称	对方单位名称	标的额	合同主要内容	合同承办人	最终审批人	签约日期	合同履行情况	登记日期

续表

合同编号	合同名称	对方单位名称	标的额	合同主要内容	合同承办人	最终审批人	签约日期	合同履行情况	登记日期

保管合同范本

合同编号：

保管人：

寄存人：

根据《中华人民共和国合同法》的规定，双方本着平等互利的原则，经过协商，签订本合同，共同信守。

第一条 保管物

保管物名称：

性质：

数量：

价值：

第二条 保管场所：

第三条 保管方法：

第四条 保管物（是/否）有瑕疵。瑕疵是：

第五条 保管物（是/否）需要采取特殊保管措施。特殊保管措施是：

第六条 保管物（是/否）有货币、有价证券或者其他贵重物。

第七条 保管期限自____年____月____日至____年____月____日。

第八条 寄存人交付保管物时，保管人应当验收，并给付保管凭证。

第九条 寄存人（是 / 否）允许保管人将保管物转交他人保管。

第十条 保管费（大写）____元。

第十一条 保管费的支付方式及时间：

第十二条 寄存人未向保管人支付保管费的，保管人（是 / 否）可以留置保管物。

第十三条 违约责任：

第十四条 合同争议的解决方式：本合同在履行过程中发生的争议，由双方当事人协商解决；协商或调解不成的，按下列第____种方式解决：

1. 提交仲裁委员会仲裁；

2. 依法向人民法院起诉。

第十五条 本合同自____时成立。

第十六条 其他约定事项。

保管人名称： 寄存人名称（姓名）：

联系人： 联系电话或联系方式：

联系电话：

合同签订时间：____年____月____日 签订地点：________

担保合同范本

本担保协议（以下称“协议”）于____年____月____日由以下双方：

1. 作为委托人的（以下称“甲方”）________；

2. 作为担保人的（下称“乙方”）________在________签署。

鉴于以下缘由：

1. 甲方拟与______（下称“受益人”）签署关于流动资金贷款的______（下称“合同”）；

2. 甲方申请乙方为其开立上述合同项下为受益人，金额为______，有效期自上述生效之日起，______期限的保函（下称“保函”）：

兹乙方同意为甲方向受益人开具保函。

在乙方开立保函之前，甲方必须：

1. 向乙方提供双方约定选用下列项反担保方式。

（1）经乙方认可的企业法人 / 自然人在甲方要求下正式向乙方签发以乙方为受益人的不可撤销、连带责任反担保保证书。名单如下：

A. 企业法人

①______________________________；

②______________________________；

③______________________________；

④______________________________；

B. 自然人及其财产共有人

①______________________________；

②______________________________；

③______________________________；

④______________________________；

⑤______________________________；

（2）甲方按下列要求向乙方缴纳履约保证金：

保证金数额：

缴纳时间：

缴纳方式：

付款账号：

履约保证金的支付：

A. 在甲方到期未履行还款（《借款合同》项下）义务，（贷款方）要求乙方履行保证义务时，乙方无须征得甲方同意，有权直接从保证金款项内向（贷款方）予以支付；

B. 甲方未按规定缴纳担保费的，乙方有权直接在保证金款项内扣付；

C. 甲方未履行本协议约定的义务时，乙方有权在保证金款项内扣付甲方的应付款及违约金、赔偿金等；

D. 乙方有权监督并实施保证金的支付，拒付与担保内容无关的款项；

E. 保证金在合同执行完毕后，由乙方退还甲方。

2. 向乙方提供下列文件的正本或经甲方的法定代表人签字并加盖公章证实为真实和完整的副本：

（1）甲方的企业法人营业执照；

（2）甲方的公司章程；

（3）甲方全体现任股东（董事）名单及签字样本；

（4）同意甲方签署本协议的股东会（董事会）决议；

（5）甲方的上年度财务报表及审计报告，及申请前一个月的财务报表；

（6）抵押物的所有权证（若有抵押物时），以及其他相关资料。

一、甲方在此向乙方作如下保证：

1. 甲方是依照中华人民共和国法律注册成立及有效存在的公司；

2. 甲方有充分的和法定的权利签署和执行本协议；

3. 甲方有法定的权利与受益人签署合同，并且有足够的能力履行合同；

4. 甲方完全接受乙方向受益人开立的保函条款；

5. 甲方向乙方保证对所提供的所有文件、资料的真实性负全部责任；

6. 甲方保证不使乙方因为甲方开具保函而蒙受任何损害和损失；

7. 甲方保证将合同项下乙方保证金额与保证期限内的所有借款，用于__________，不得挪作他用；

8. 甲方保证履行与受益人签署的合同；

9. 甲方有义务及时向乙方如实通报履约情况及经营中的重大事项，如：营业地址、法人代表、联系电话、产权等的变更；诉讼事项；资金借贷；经营损失等一切影响甲方债权、债务关系的重大事项。并且甲方保证接受乙方定期或不定期的检查。甲方保证将借款合同签署后第一个月的财务报表报送乙方，以后按季度向乙方报送财务报表；

10. 乙方不对受益人提交的索赔文件、单据或证明文件所述之真实性负任何责任；

11. 未经乙方同意，甲方不得出租、出售、转移、转让企业资产清单上所列的全部或大部分财产。

二、保函项下的索赔：

当受益人按保函规定向乙方索赔，且乙方认为索赔文件、单据或证明符合保函规定，乙方迫于履行担保义务而为甲方垫款向受益人支付时，乙方对甲方及其继承人、受让人有绝对的追索权，不受甲方接受上级单位任何指令和甲方与任何单位签订的任何协议、文件的影响。乙方有权自垫款之日起，除按银行同期贷款利率向甲方收费外，还要按日垫款金额的1%（百分之一）乘以实际垫款天数向甲方收取罚金。甲方必须在收到乙方的追债通知后的____日内，无条件地向乙方偿清全部垫款及应付罚金。

三、保函的修改：

甲方要求乙方修改保函内容时，须向乙方提交书面的修改申请和受益人对所作修改的书面认可文件，在增加保函金额或保函展期的情况下，甲方还必须相应增加或延长对乙方的保障，否则乙方不能接受甲方的修改申请。

四、担保费用：

甲方在此保证，在签署担保协议书时，一定按照下列规定向乙方支付担保费及其他有关费用：

1. 担保费：

（1）担保费以担保金额为基数，按年率_______（百分比）折计收，计人民币_______万元；

（2）担保费按担保期限计算，在开具担保函时一次性收取。

2. 滞纳金：

甲方应按时交纳担保费等费用。推迟交纳有关费用未获乙方同意的，乙方按费用总额每天向甲方收取0.5‰～1‰的滞纳金。

3. 其他费用：

乙方因开具保函而发生的超过正常情况下的其他费用（如，乙方在对甲方进行检查时所发生的费用等），由甲方支付。

五、适用法律：

本协议适用中华人民共和国有关法律，受中华人民共和国法律管辖。在本协议履行中，如发生争议、纠纷，有关各方面应首先协商解决。协商无法解决时，可向合同签订地有管辖权的人民法院提起诉讼，相应的判决对协议各方均具有约束力。

六、其他：

本协议中手写部分与打印部分均属本协议的组成部分，具同等法律效力。

七、协议生效：

本协议一式二份，甲方、乙方各执一份，经双方法定代表人（或授权人）签字并加盖公章后生效，至双方义务履行完毕后失效。副本按需制备。

八、特别提示：

乙方已将本协议书的全部条款和甲方做了提示，并应甲方的要求在本协议中作了相应的条款说明，甲方对本协议的每一条款均进行了研究和分析，甲方对本协议各条款已做了全面准确的理解，签约各方对本协议各条款含义认识一致。

本协议于开首所述日期由下列两方正式签署。

甲方（公章）	乙方（公章）
（法人代表或授权人签字）	（法人代表或授权人签字）
地址：	地址：
电话：	电话：
传真：	传真：

Chapter 9

企业后勤管理

第一节 | 企业后勤管理制度

一、后勤工作的概念及特点

企业的后勤管理就是充分利用后勤资源，发挥其优势，开展与后勤服务相关的工作活动。它是企业正常工作顺利运行的重要保障，也是企业开展其他各项工作的前提。

通过后勤管理工作，可以促进企业各部门与外部单位的沟通交流，同时还能够保障员工正常的工作权益，是企业对员工权益的一种保障。

优化的企业后勤管理关系到企业的生存和发展，是提高企业市场竞争力的重要手段。其所管理的对象涉及企业的物资、财务、生活、环境等各种内部事务。

当前，国内许多企业在后勤管理方面的投入并不多，对后勤管理工作的重视程度也有所不足。更有不少企业并没有建立起专门的后勤管理部门，大多数后勤管理工作都由其他部门来完成，这会让企业的后勤管理工作缺乏计划性、针对性和目的性。企业后勤管理职能的弱化也会影响到其他管理职能的发挥。

不同企业的后勤管理工作是不同的，这种不同不仅体现在工作内容上，不同企业后勤管理工作的特点也是有所不同的。一般来说，企业后勤管理工作的特点主要包括以下几个方面内容。

1. 社会性

企业后勤管理工作的范围非常广泛，与社会有着密切的联系。企业后勤管理工作的开展会受到社会整体环境的影响。在当前市场经济环境中，企业想要做好后勤管理工作，就需要改变原有的封闭模式，让企业的后勤管理工作能够更好地与社会相融合。在充分利用社会优势资源的同时，整合企业后勤管理工作，更好地为企业服务。

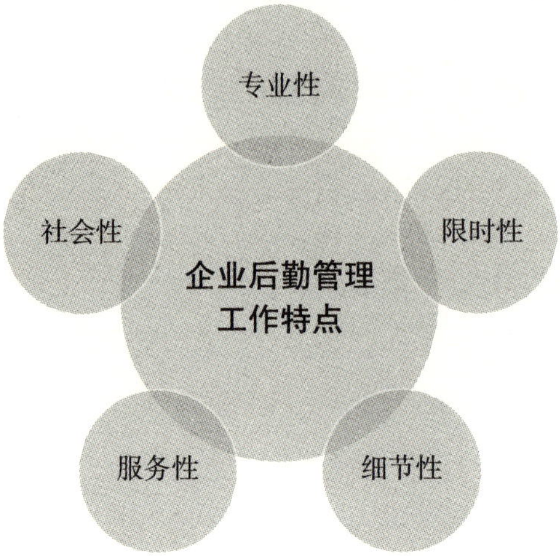

2. 服务性

企业后勤管理工作需要落脚到服务上，虽然称为管理工作，其实更多还是服务的内容。企业后勤管理是服务中的管理，管理是手段和途径，服务是最终目的。因此，企业后勤管理工作应该将为企业、为领导、为员工服务作为根本出发点和落脚点。

3. 细节性

企业后勤管理工作需要连接企业内部各个部门和外部的多种单位，相关部门所承担的各种工作大多都比较琐碎复杂。无论是企业的人力资源、物资储备，还是员工的衣食住行都能够体现出后勤服务的细节性。

后勤管理工作的琐碎导致了后勤管理的复杂性，后勤管理部门需要做好细节方面的工作，化繁为简，既与企业内部各部门有效沟通，同时也要协调好与外部企业之间的管理。后勤管理工作必须通过细节管理，应对琐碎的工作任务。

4. 限时性

随着市场竞争日趋激烈，企业各项资源的配置和管理工作也更加重要。在这种背景之下，企业后勤管理工作必须严格管控好时间。想要做好这一点，就需要企业后勤管理部门在具体工作中增强对工作任务的预测性和计划性。

5. 专业性

企业后勤管理工作看似简单，但实际需要面对的困难非常多。这不仅是因为其所处理的事务琐碎庞杂，还因为其所承担的责任异常重大。因此，企业在进行后勤管理工作时，不仅需要配备更多的专业人员，还需要综合运用各种现代化手段，在完善各项管理制度的同时，进行科学管理。

企业后勤管理工作就是对企业这台机器进行看护维修。想要保证企业高效运转，获得更多的经济效益，就需要对后勤管理工作投入更多关注，不断完善后勤管理制度。

二、后勤管理工作的作用

企业后勤管理工作的作用主要是由其基本职能所决定的，一般来说，主要表现为以下几个方面。

后勤管理工作的作用

- 为企业各项工作活动的开展提供物质保障
- 提高企业运转效率和各项资源的利用率
- 保障企业员工各项权益的实现
- 维持企业正常工作秩序

1. 为企业各项工作活动的开展提供物质保障

企业各项工作想要顺利开展，不仅需要后勤管理部门提前准备好各项必备条件，还要在工作活动开展过程中提供后勤服务。企业后勤管理工作可以为企业其他各项工作活动开展提供物质基础，加强企业后勤管理，能够保障其他各项工作活动的开展。这也是企业后勤管理工作的一个基本作用。

2. 提高企业的运转效率和对各项资源的利用率

除了为其他各项工作活动提供物质保障，企业后勤管理还承担着提高企业运转效率的责任。科学高效的后勤管理工作，能够提高企业的运转效率，通过后勤管理，能够让企业的人、财、物得到更为高效的利用。

调动企业员工的工作积极性，提高企业资金的使用效率，充分发挥企业物资设备的潜力，这是企业后勤管理工作的又一种作用，同时也是提高企业运转效率的必要条件。任何管理工作的最终目的都是提高企业的效益，后勤管理也不例外，所以，这一方面的作用可以看作后勤管理工作的一个主要作用。

3. 保障企业员工的各项工作权益

企业后勤管理工作与企业员工的生活密切相关，涉及员工的诸多利益。做好后勤管理工作，可以为员工提供舒适的工作环境，帮助员工解决工作和生活中遇到的各种困难。这样就能让员工对工作、对企业产生更多的喜爱之情，进而主动发挥工作积极性，完成自己的本职工作。在获得更高个人收益的同时，提高企业的经济效益。

4. 维持企业正常工作秩序

做好后勤管理工作能够维持企业工作秩序的稳定，促进企业的安定团结。企业员工的衣、食、住、行、用等工作，都需要企业后勤管理部门来负责，做好了这些工作，员工就能安心高效地工作，减少矛盾的发生。在维持员工队伍稳定的情况下，维护企业的正常工作秩序。

管理者在进行企业后勤管理工作时，要充分认识后勤管理工作的作用。这样才能正确对待企业后勤管理工作，重视后勤管理工作。除了管理者，后勤管理部门的员工也需要认识到后勤管理工作的作用，这样他们才能正确认识自己的工作，牢固树立服务思想，为企业其他部门和员工提供更优质的后勤服务。

三、后勤管理的岗位职责

企业后勤管理工作主要由后勤管理部门负责，后勤管理部门是企业的后勤保障机构，一般来说，企业后勤管理部门的主要工作职责包括以下几点内容。

1. 制订后勤管理和服务方面的规章制度、标准及实施细则，并安排实施；

2. 负责企业员工食堂的管理，保障员工基本的用餐需求；

3. 负责企业员工宿舍的管理，满足不同员工的住宿需求；

4. 负责企业宿舍、食堂等固定财产的盘点，建立基本账目表单；

5. 负责对企业房产、房屋、公用设施的管理和使用、维修、养护等工作；

6. 负责员工活动中心的管理，包括开放和关闭，以及设施的维护工作；

7. 负责编制、上报后勤物资需求，对后勤物资进行采购、领用和消耗的监督审核工作；

8. 负责企业的防火、防盗等安保工作，定时或不定时巡逻，发现安全隐患及时处理汇报；

9. 负责企业各类灾害及其他突发事件的处理，包括应急疏散指南、灾害应对手册的编写；

10. 负责企业公务车及驾驶员管理，合理安排车辆使用，并做好记录；

11. 做好企业车辆的日常保养及年检等与车辆管理相关的工作；

12. 制定企业各区域、车间的卫生保洁安排，执行卫生责任人负责制；

13. 及时妥善处理后勤服务质量问题的投诉，提高后勤管理工作水平；

14. 安排和协调有关人员做好会议和活动的保障工作；

15. 做好本部门的月、季、年度工作计划和预算工作；

17. 加强部门团队建设和管理，负责部门内部员工技能、心态及意识方面的培育工作；

18. 主动协助、配合相关部门开展工作，及时完成上级部门交办的其他工作任务。

四、后勤管理工作的基本方法

管理者想要做好后勤管理工作，不仅需要从思想层面上提高对后勤管理工作的重视程度，同时还要充分认识到企业后勤管理工作对企业其他各项工作展开所起到的重要作用。企业后勤管理工作不仅关系到企业的正常运行，同时还与企业员工的切身利益密切相关。

因此，后勤管理工作不仅需要从企业工作管理方面入手，还需要多关注企业员工的各项需求。完善的后勤管理可以为企业员工创造良好的工作环境，提高员工的满意度，进而提高员工工作效率和对企业的归属感。

在具体方法上，企业后勤管理需要与社会大环境相结合，保持与时俱进，同时还要根据企业实际经营情况来确定。一般来说，企业后勤管理工作可以通过以下几种方法展开。

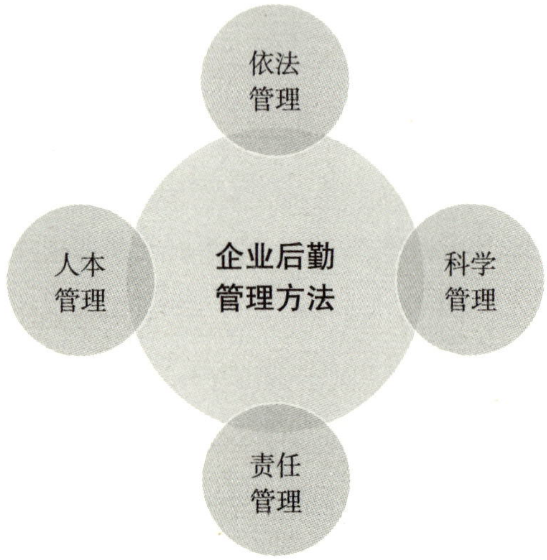

1. 依法管理

企业后勤管理工作的开展一定要依法进行，强化法律意识。与企业后勤管理工作相关的法律法规包括《中华人民共和国消防法》《中华人民共和国食品安全法》《中华人民共和国物业法》《中华人民共和国治安管理处罚条例》等。这些法律法规也是企业后勤管理制度制订的重要依据，后勤管理部门在制订和实施后勤管理制度时，都需要在依法管理方面多下功夫。

在树立依法管理思想的基础上，不断增强法律法规意识，通过完善的规章制度来规范后勤管理工作。只有这样，才能让后勤管理工作逐步变得制度化、标准化和规范化。

2. 科学管理

所谓科学管理，就是区别于传统管理，运用高技术手段来进行后勤管理。一方面可以通过建立科学的信息管理系统，收集后勤管理信息，提高后勤管理工作的效率和反应能力。另一方面可以通过后勤管理智能化，来降低后勤管理的成本，实现后勤管理工作的可持续发展。

3. 责任管理

责任管理不仅对于后勤管理部门具有重要意义，对于其他部门同样意义重大。企业后勤管理因为涉及的范围广、内容多、关系复杂等因素，使得责任管理在后勤管理中的作用更加明显。

在后勤管理工作中落实责任管理，需要将后勤管理的内容和具体责任有效匹配，将每项细节工作和责任都精确到相应岗位和个人身上。同时引入考核机制，这样就可以形成激励与限制相结合的责任管理体系。

4. 人本管理

后勤管理工作需要树立以人为本的观念，进行人性化管理。后勤管理工作的核心是服务，其主要工作是为企业提供各种后勤方面的保障。后勤管理工作需要从实际出发，从企业的需求出发，同时，还需要最大限度地发挥人力、物力、财力的作用。

企业后勤管理工作是其他工作有效开展的基础。企业后勤管理工作要顺应时代潮流，不断更新管理观念，运用科学的管理模式。同时还应该结合企业的实际情况，从员工的基本需求出发，协调好各项后勤工作，在提高后勤服务质量的同时，为企业的可持续发展提供重要保障。

五、后勤管理工作的新模式

想要让企业后勤管理工作发挥出真正的作用，就要建立新型后勤管理工作模式。这一点要根据不同企业的发展现实来确定，从整体上来说，也可以从企业后勤管理工作的重要性、关联性和后勤管理工作的转变三个方面来确定。

企业后勤管理新模式

- 充分认识企业后勤管理工作的重要性
- 管理好企业后勤工作中的各种关系
- 促进后勤管理工作不断完善

1. 充分认识企业后勤管理工作的重要性

从企业内部情况来看，企业后勤管理工作是企业管理工作的一个不可或缺的重要部分，直接关系到企业的正常发展和员工的切身利益。做好企业后勤管理工作，能够调动员工的工作积极性。

从企业外部形势来看，市场竞争越来越激烈，企业后勤管理工作需要承担的压力也越来越大。企业后勤管理工作开始向着社会化和专业化方向发展，在这个过程中，企业后勤管理工作将会出现各种各样的问题。想要减少各种问题的发生，就要探索出新的后勤管理工作模式。

2. 管理好后勤工作中的各种关系

①企业核心工作和企业后勤工作的关系

企业的后勤管理工作应该为核心工作服务，后勤管理部门进行好日常行政和后勤保障工作，对企业核心工作的开展具有重要推动作用。管理者要正确处理好企业核心工作和后勤工作之间的关系，让后勤工作真正为核心工作提供动力，集中后勤力量解决后勤问题，保障后勤工作高效执行。

②后勤管理中的大事和小事

企业后勤管理工作内容繁多，既有大工作，也有小工作，后勤管理部门要处理好大工作和小工作之间的关系。后勤管理工作中的大工作一般指行政管理方面的工作，小工作则是指后勤服务方面的工作。

在后勤管理工作中，管理者应该正确把握好每项工作中的大事，妥善处理好每项工作中的小事。同时还需要抓好管理工作的核心和主要矛盾，厘清大事和小事之间的关系，只有这样，才能最终做好后勤管理工作。

③管理与服务的关系

后勤管理部门是企业内部的一个综合性部门，在企业之中承担着一定的管理职能。这种管理职能与企业日常工作有着直接的关系，同时对企业的正常运作和决策传达具有重要的影响作用。

后勤管理部门除了承担企业管理职能外，还承担着企业服务的工作。这种服务主要体现在为企业员工的工作生活提供基本保障上，服务职能是企业后勤管理工作的出发点和落脚点。正确认识后勤管理工作的管理和服务职能，是做好后勤管理工作的一个重要前提。

④保障与创收的关系

在进行后勤管理工作过程中，正确处理好企业创收和保障的关系是十分必要的。创收可以为后勤管理部门的管理工作提供保障，同时也能够提高后勤管理部门的服务效率。想要完成创收的目标，首先定位好后勤管理的工作。

3. 促进后勤管理工作不断完善

①促进后勤管理工作向着企业化方向发展

在优化企业后勤管理工作模式的过程中，要树立市场观念和效益观念，按照市场规律来进行后勤管理。在后勤管理工作中，要不断扩大后勤服务的范围和对象，提高服务质量和企业的工作效率。要将传统的封闭于企业内部的服务转变为面向整个社会的开放式服务。

②促进后勤管理队伍向着专业化方向发展

想要提高后勤管理工作的效率，就必须提高后勤管理队伍的素质。后勤管理队伍的素质直接影响着后勤管理的水平和质量，在优化后勤管理工作模式的同时，需要优化后勤管理队伍配置。可以通过培训等手段，来提高后勤管理队伍的科学文化素质和技术水平；也可以通过有效的激励制度，来合理安排后勤员工的薪资分配。

③促进后勤管理工作向着规范化方向发展

企业后勤管理工作需要有专门的管理制度，只有这样，才能做好管理工作。在企业后勤管理和服务工作中，不仅要制订科学合理的管理制度，同时还要制订后勤管理工作的保障制度。

后勤管理制度要与企业的实际发展情况相一致，同时还要根据企业的发展不断更新完善。只有这样，企业后勤管理工作才能更加规范化、精细化、标准化。企业后勤管理工作的规范化程度越高，企业的发展也就会越稳定、越有序。只有做好后勤管理工作，保证后勤管理工作始终围绕企业中心工作展开，才能确保企业的健康发展。

第二节 | 安全管理制度

一、安全管理制度的内容

安全管理是企业管理的一个重要组成部分，其目的主要是维护企业的安全，通过有关安全工作的方针、决策、计划、组织和控制、协调职能，合理有效地运用人力、物力、财力达到安全防范和进行各种活动的目的。企业的安全管理，主要是为了消除安全隐患，全面消除安全事故。

在企业安全管理中，安全生产是其中的重要内容，除了安全生产，企业安全管理还涉及诸多方面的内容，不仅关系到企业员工的人身安全问题，还关系到企业的生存发展问题。

对于企业安全管理，主要可以从两个方面进行理解。

一方面，大多数企业所讲的安全管理，多是指企业生产方面的安全管理，也就是前面提到的安全生产。从具体定义上来讲，企业安全管理是指以国家的法律规定和技术标准作为依据，采取各种手段，对企业生产的安全状况进行有效制约的一切活动。

在这里所讲的安全管理，既包括物的安全状态，同时也包括人的安全行为。物的安全状态主要是指机器设备本身所具有的，即使出现了人为操作失误的情况，也不会发生安全事故的安全状态。人的安全行为则主要指工作人员按照工作标准和规程开展工作，消除事故隐患。人和物的安全状态共同构成系统的企业安全。

另一方面，企业安全管理不仅包括企业生产过程的安全，还包括企业自身的安全。这里主要是指企业资源供给的安全和企业经营存在的安全。

企业安全管理涉及的内容十分广泛，除了重要的企业生产安全，还包括经营安全、信息安全、人力资源安全等内容。一般来说，企业安全管理主要包括以下几个方面的内容。

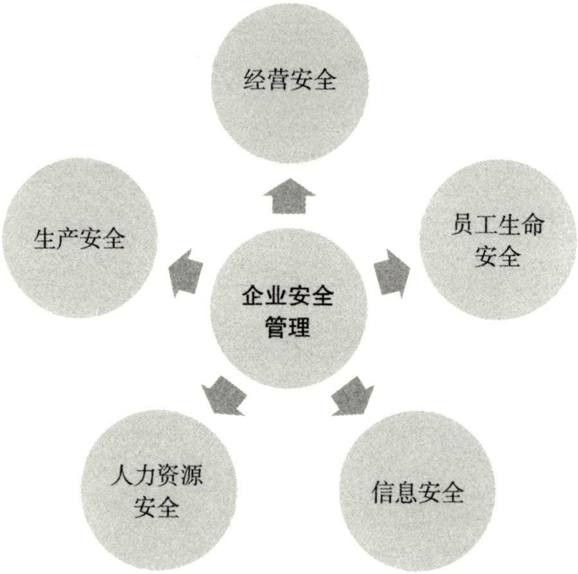

1. 生产安全：主要包括设备安全、环境安全、施工安全等内容。

2. 员工生命安全：主要包括员工生产过程安全、职业健康安全和员工自我保护能力等内容。

3. 经营安全：主要包括营业安全、资源供给安全、财产安全、资金安全等内容。

4. 信息安全：主要包括网络财务信息安全、电子商务信息安全、企业商业信息安全等内容。

5. 人力资源安全：主要包括普通员工的频繁跳槽，以及中高层管理人员的非正常离职等内容。

二、安全管理的意义

企业安全管理的根本目的是保证企业员工的安全与健康，防止出现人员伤亡和财产损失。为了实现这些目标，企业管理者需要从安全技术和安全管理两方面入手，在这两方面中，企业安全管理所起到的作用要更大一些。

企业安全管理的作用
• 做好企业安全管理能够防止安全事故的发生 • 做好企业安全管理是落实安全生产方针的根本保证 • 做好企业安全管理可以促进企业生产发展和经济效益的提高

1. 做好企业安全管理能够防止安全事故的发生

企业安全事故的发生主要与四个方面的因素有关：人的不安全行为、物的不安全状态、环境的不安全条件和安全管理的缺陷。很多时候，前三方面因素的出现，往往是由最后一个因素所导致的。因此，安全管理的缺陷往往是事故发生的根源，也是事故发生的更深层次原因。

这就是说，做好企业安全管理工作，减少企业安全管理中的缺陷，能够从根本上降低事故发生的频率。不断加强企业安全管理，改进安全管理技术，是做好企业安全管理工作的重要手段和途径。

2. 做好企业安全管理是落实安全生产方针的根本保证

为了落实安全生产方针，企业不仅要加大对安全生产的投入，也要提高对各种灾害的控制水平，创造更为安全的工作条件和环境。此外，企业管理者也应该充分认识到企业安全管理的重要性，提高企业员工安全生产的意识。

企业员工在生产工作中，要自觉遵守安全生产的法律法规，同时要努力提高自我防护能力和安全技术水平。想要达到这一点，就需要高效的安全管理工作来保障。只有健全安全管理体系，加强安全监督检查和安全宣传教育，综合利用各种管理手段，才能使企业安全生产方针得到有效的贯彻落实。

3. 做好企业安全管理可以促进企业生产发展和经济效益的提高

企业安全管理是企业管理的重要组成部分，与其他企业管理工作密切相连。做好企业安全管理工作需要对企业各方面进行全方位把控，不仅包括人员素质的提高和工作条件的改善，还包括设备的维修改造，工艺的优化升级等内容。

企业安全管理状况的改善，能够促进企业劳动生产率的提高，促进企业经济效益的增长。如果企业安全管理状况混乱，安全事故频发，企业员工的安全健康就会受到影响，企业的设备财产就会遭受损失，员工的生产积极性会大打折扣，企业的经济效益也会不断下降。因此，企业安全管理的水平，在很大程度上，影响着企业的整体管理水平和经济效益。

三、安全管理的具体方法

想要做好企业安全管理，企业需要建立起健全的企业安全管理法规制度，同时还需要采取必要的安全管理措施。企业安全管理并不是企业个体的事情，很多时候，还需要全社会共同配合。

作为企业管理者，想要做好企业安全管理，应从企业个体角度出发开展安全管理工作。一般来说，从企业角度来讲，企业安全管理工作的具体方法主要包括以下几个方面。

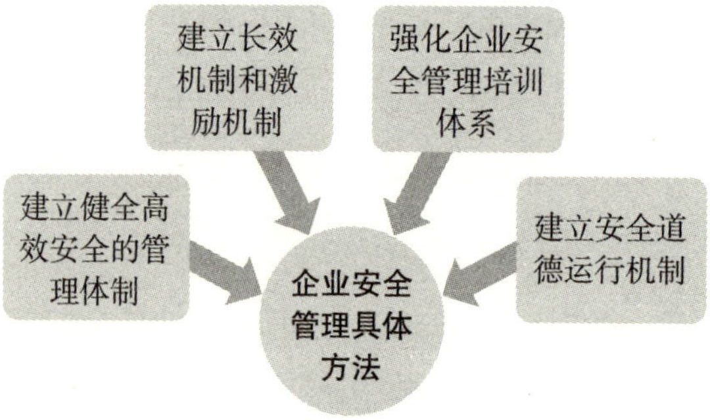

1. 建立健全高效安全的管理体制

企业安全管理体制主要包括企业安全管理领导责任制、企业安全生产责任制和责任追究制、企业生产设备安全管理制度、企业经营安全管理制度、企业信息安全管理制度、企业人力资源安全管理制度等内容。

企业管理者应当将安全管理列入企业日常管理工作之中，构建企业安全管理组织，进行安全责任分解。同时还要建立起企业安全文化，提高企业员工的安全生产意识。在安全文化之外，企业还应该建立起定期安全检查制度，落实安全责任制，让安全生产得到实际的贯彻落实。

企业在进行安全管理的同时，还需要加强劳动保护，改善员工劳动条件，这是维护员工利益的必要手段。企业管理者应该培养员工遵纪守法的能力，坚决制止违章生产行为。加大投入改善员工劳动条件，保障员工在生产过程中的安全和健康。

2. 建立长效机制和激励机制

大多数企业对安全管理工作的认识还存在一定的偏差，认为企业安全管理并不需要相应的激励机制。实际上，激励机制对于企业安全管理工作的开展，具有重要的推动作用。

在建立激励机制过程中，一方面需要重奖预防事故有功的人员，可以通过物质奖励或精神奖励让其他员工效仿获奖员工的行为。另一方面则要严惩违反安全生产制度和操作规程的员工，通过惩罚措施来警醒其他员工，避免出现类似的错误。

对于企业安全管理工作的激励措施，可以采用重奖优秀，严惩犯错的方式。突出对安全生产的奖励，进而让员工自觉养成安全生产的行为习惯。

除了建立激励机制，企业安全管理还需要建立起长效机制。长效机制的建立可以从以下三个方面着手展开。

①创新安全理念

安全管理工作要树立安全生产第一的理念，安全生产需要企业全体成员共同参与、共同监督。

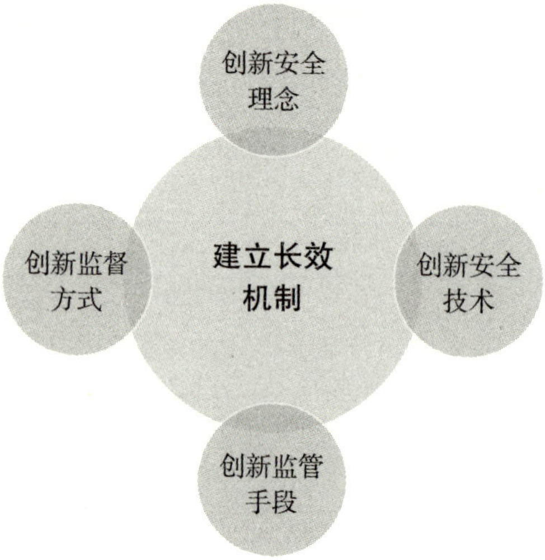

②创新安全技术

企业安全技术的创新主要是在现有技术应用基础上，通过增加技术投入和资金投入的方式，来开发新技术、新设备，运用现代安全管理手段，来保障企业生产过程的高效和安全。

③创新监管手段

企业安全管理应该综合调动所用资源，使更为广范的员工参与到安全生产的监督工作中。可以组织安全监管人员进行学习培训，来强化源头管理，创新监管手段。

④创新监督方式

企业安全管理应该以安全保障体系和安全监督体系为基础，建立起权责明确、高度统一的科学体系。同时还要大力推广先进的监督管理方法，对监督方式进行持续更新和改进。

3. 强化企业安全管理培训体系

在现代企业中，大多数员工的安全意识比较淡薄，自我防护能力较差，这成了安全事故频发的重要原因。建立企业安全管理培训体系能够更好地避免安全事故的发生。

想要建立起完善的企业安全管理教育培训体系，首先需要抓好岗前教育培训，管理者应当将安全管理的内容列入岗前培训之中。企业岗前培训更多地应该将重点放在培养企业员工的价值观上，而不是放在具体的工作技术上，这是一种更为长远的教育培训。

在企业员工上岗工作之后，仍然需要定期进行安全教育培训，应该将安全管理内容列入员工的职级晋升考核内容之中。有条件的企业，还应当安排专门的人员来进行安全管理教育培训工作，更好地进行安全管理教育培训工作。

4. 建立安全道德运行机制

企业安全道德机制需要运用多种综合手段，其目标对象是企业员工的安全道德行为。完善的安全道德运行机制，主要包括以下几方面内容。

①建立安全道德规范

企业管理者在完善企业各项规章制度的同时，还需要建立健全岗位责任安全道德等有效的道德规范，这样才能推动企业安全道德建设逐步实现制度化和规范化。

②实行安全道德目标管理

安全道德目标管理主要是将企业安全生产中的道德标准融入企业目标管理之中。

③建立安全道德激励机制

想要使企业安全道德发挥应有的作用，需要将安全道德与安全责任制相结合，在考核员工安全生产工作时，将安全道德的内容结合进去。

④加强安全道德法规建设

企业管理者应该在企业内部广泛宣传、严格落实各项劳动保护法规，通过法律手段来提高员工的安全道德水平。同时通过劳动保护监督机构，来对违反企业安全道德的行为进行监督和管理。

第三节 | 车辆管理制度

一、车辆管理的内容

企业车辆管理就是对企业车辆和驾驶员的监督和安全管理。从企业的角度来讲，车辆管理应该包括车辆档案管理、驾驶员档案管理、行车安全管理、用车记录管理、加油管理、维修管理和费用管理等几个重要方面。其目的是确保车辆安全行驶，提高车辆的使用效率。

高效的企业车辆管理，应当遵循以下几个方面的原则。

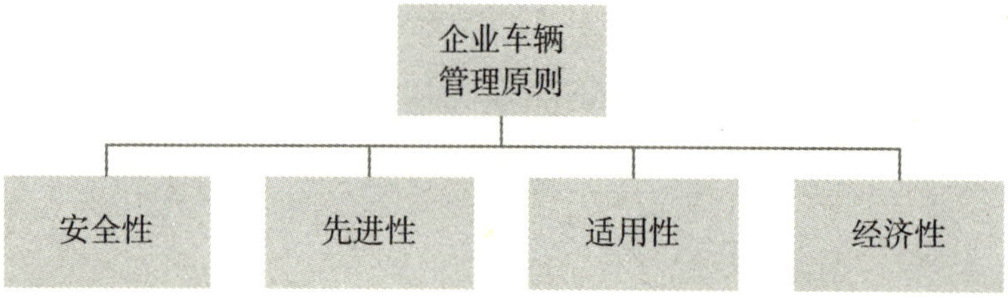

1. 安全性原则

主要是指保持车辆技术状况良好，以及运输生产的安全。

2. 先进性原则

主要是指依靠技术进步，通过科学的管理方法和先进的技术手段来进行车辆管理。

3. 经济性原则

主要是指坚持低费用、低消耗，同时提高车辆运输效率。

4. 适用性原则

主要是指企业车辆管理应该符合企业运输生产需要，而不能产生其他不必要的用途。

二、车辆管理常见问题

企业车辆管理作为企业后勤管理中的一个重要部分，在实际管理过程中，经常会出现一些问题。一般来说，主要有以下几个方面。

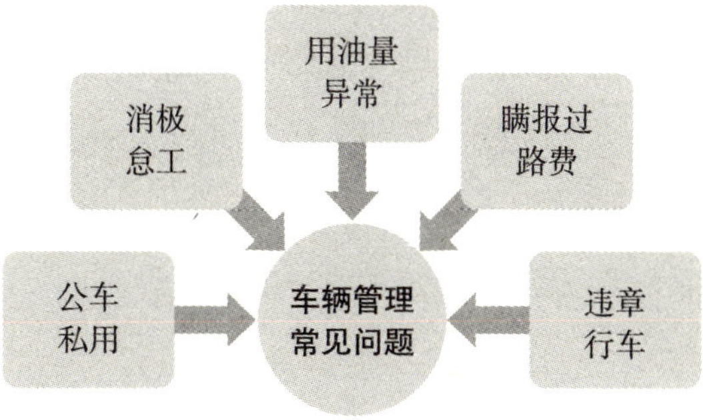

1. 公车私用

在企业管理过程中，应该避免公车私用现象的发生，这要对车辆驾驶员进行必要的监督和管理。

2. 消极怠工

一些企业的司机在工作中会出现消极怠工的现象，这对企业的正常经营和工作效率造成了很多负面影响。在一些公务接待活动中，企业司机的消极怠工将会严重影响企业形象，对于这种现象应该严厉惩治。因此，企业在制订车辆管理制度时应该明确规定各种情形的奖惩措施，以此对那些消极怠工的司机产生威慑。

3. 用油量异常

一些企业车辆的用油量经常会超过实际用油量，这大大增加了企业的运营成本。单纯依靠企业员工的个人素质和职业道德对这种现象进行约束，是远远不够的。因此，在企业车辆管理中，应该有针对性地对这种现象提出解决措施。

4. 瞒报过路费

一些企业司机为了个人利益，通过各种途径收集过路费发票，向公司报销。这种行为会对企业造成重大的经济损失，加强企业车辆管理也需要解决这一方面的问题。

5. 违章行车

一些企业司机在使用企业车辆时，经常会出现违章行为，这不仅会威胁到个人的生命健康，也会影响到企业车辆的运输效率。这是企业车辆管理工作需要严加整治的一种行为。

除了以上几个方面的问题外，企业车辆管理中还会遇到诸如乱报车辆维修费、乱停车辆的问题。想要解决这些问题，需要建立企业车辆管理制度，在制度基础上才能更高效地开展车辆管理工作。

附录：企业后勤管理基本表单

住宿申请表

填表日期：

<table>
<tr><td>姓名</td><td colspan="4"></td><td colspan="2">任职单位</td><td colspan="3"></td></tr>
<tr><td>到职</td><td colspan="4">年　月　日</td><td colspan="2">职称</td><td colspan="3"></td></tr>
<tr><td>籍贯</td><td></td><td colspan="2">性别</td><td colspan="2"></td><td>出生</td><td colspan="3">年　月　日（岁）</td></tr>
<tr><td>学历</td><td colspan="9">学校　科　系　□毕业　□肄业</td></tr>
<tr><td>本人户籍地址</td><td colspan="9"></td></tr>
<tr><td rowspan="2">家长
姓名</td><td colspan="4"></td><td colspan="2">联系地址</td><td colspan="3"></td></tr>
<tr><td colspan="4">关系</td><td colspan="2">电话</td><td colspan="3"></td></tr>
<tr><td rowspan="2">紧急
联络人</td><td colspan="4"></td><td colspan="2">联系地址</td><td colspan="3"></td></tr>
<tr><td colspan="4">关系</td><td colspan="2">电话</td><td colspan="3"></td></tr>
<tr><td>爱好</td><td colspan="4"></td><td colspan="2">申请理由</td><td colspan="3"></td></tr>
<tr><td>入舍</td><td colspan="6">年　月　日</td><td rowspan="2">人力资源
审核</td><td colspan="2" rowspan="2"></td></tr>
<tr><td>床位</td><td colspan="6">楼　室　号</td></tr>
<tr><td rowspan="7">领
用
公
物</td><td>棉被</td><td rowspan="5">领物签章</td><td rowspan="5"></td><td rowspan="7">退
舍
移
交
登
记</td><td></td><td></td><td rowspan="2">后勤登记</td><td colspan="2" rowspan="2"></td></tr>
<tr><td>床垫</td><td></td><td></td></tr>
<tr><td>枕头</td><td></td><td></td><td rowspan="2">单位主管</td><td colspan="2" rowspan="2"></td></tr>
<tr><td>枕套</td><td></td><td></td></tr>
<tr><td>被套</td><td></td><td></td><td rowspan="2">舍监</td><td colspan="2" rowspan="2"></td></tr>
<tr><td colspan="3">钥匙</td><td></td><td></td></tr>
<tr><td colspan="3">其他</td><td></td><td></td><td rowspan="2">后勤主管</td><td colspan="2" rowspan="2"></td></tr>
<tr><td>备注</td><td colspan="6"></td></tr>
</table>

住宿人员资料卡

编号：　　　　　　　　　　　　　　　　　　　　　　　　　填写日期：

姓名		性别	□男　□女		室号		
出生年月					单位		
到职日期					入住日期		
最高学历					籍贯		
家长姓名	姓名		住址		关系		电话	
紧急联络人	姓名		住址		关系		电话	
参加社团					宗教信仰		
兴趣							
考核记录							
备注							

清洁工作安排表

月　日至　月　日

姓名				
日期				
清洁项目				
考核				
日期				
清洁项目				
考核				

清洁卫生评分表

<table>
<tr><td>评分部门</td><td></td><td>评分员</td><td></td><td>日期</td><td></td></tr>
<tr><td colspan="2">评分项目</td><td>最高分值</td><td>评分</td><td colspan="2">备注</td></tr>
<tr><td colspan="2">一般安全</td><td>15</td><td></td><td colspan="2"></td></tr>
<tr><td colspan="2">消防器具</td><td>10</td><td></td><td colspan="2"></td></tr>
<tr><td colspan="2">走道通路</td><td>15</td><td></td><td colspan="2"></td></tr>
<tr><td colspan="2">工作区域整洁</td><td>15</td><td></td><td colspan="2"></td></tr>
<tr><td colspan="2">环境整洁</td><td>15</td><td></td><td colspan="2"></td></tr>
<tr><td colspan="2">办公桌椅及办公室整洁</td><td>15</td><td></td><td colspan="2"></td></tr>
<tr><td colspan="2">设备维护状况</td><td>15</td><td></td><td colspan="2"></td></tr>
<tr><td>建议及评语</td><td colspan="5"></td></tr>
</table>

车辆登记表

<table>
<tr><td>使用人姓名</td><td colspan="2"></td><td>驾驶员姓名</td><td></td></tr>
<tr><td>牌照号码</td><td colspan="2"></td><td>车名</td><td></td></tr>
<tr><td>车身号码</td><td colspan="2"></td><td>车型</td><td></td></tr>
<tr><td>购车日期</td><td colspan="2"></td><td>初检日期</td><td></td></tr>
<tr><td rowspan="2">复检日期</td><td colspan="4"></td></tr>
<tr><td colspan="4"></td></tr>
<tr><td rowspan="3">保险记录</td><td>保险公司</td><td>保险证号码</td><td>保险期限</td><td>保险内容</td></tr>
<tr><td></td><td></td><td></td><td></td></tr>
<tr><td></td><td></td><td></td><td></td></tr>
<tr><td>购置价格</td><td colspan="2"></td><td>经销商</td><td></td></tr>
<tr><td>附属品</td><td colspan="4"></td></tr>
<tr><td rowspan="2">驾驶员</td><td>住址</td><td></td><td>电话</td><td></td></tr>
<tr><td>住址</td><td></td><td>电话</td><td></td></tr>
</table>

借车审批单

借用人	事由	借用时间	预定行程	实际行程	驾驶人	准借车辆（车型、牌号）
借车须知	1. 借用车辆必须在当天下班前回收，不得在外过夜； 2. 借用人可以自行商请具有合格驾照的司机担任驾驶员； 3. 借用时间内车辆故障或损坏，借用人应负责修理费用或赔偿； 4. 借用时间内车辆及人员违反交通规则或发生任何意外事故，概由借用人自行负责。					

车辆主管：　　借用人：　　申请日期：

车辆请修报告单

年　月　日　　编号：

车号		里程数		责任人	
请修项目					
估计金额					
修理厂					
损坏原因					
审核意见					

主管：　　复核：　　管理员：　　请修人：

车辆费用报销单

<table>
<tr><td colspan="2">申请人</td><td></td><td>单位</td><td></td><td>车号</td><td></td></tr>
<tr><td colspan="2">用车日期</td><td colspan="3"></td><td>车型</td><td></td></tr>
<tr><td>项目</td><td>张数</td><td colspan="5" rowspan="3">金额
（单据粘贴处）</td></tr>
<tr><td></td><td></td></tr>
<tr><td>小计</td><td></td></tr>
</table>

主管： 领款人： 填表日期：

车辆费用支出月报表

月份

<table>
<tr><td colspan="2">税捐保险费</td><td colspan="2">修理保养费</td><td colspan="2">过桥费</td><td colspan="2">汽油费</td><td>上月里程</td><td></td></tr>
<tr><td>说明</td><td>金额</td><td>说明</td><td>金额</td><td>说明</td><td>金额</td><td>说明</td><td>金额</td><td>本月里程</td><td></td></tr>
<tr><td></td><td></td><td></td><td></td><td></td><td></td><td></td><td></td><td>行驶里程</td><td></td></tr>
<tr><td></td><td></td><td></td><td></td><td></td><td></td><td></td><td></td><td>本月总费用</td><td></td></tr>
<tr><td></td><td></td><td></td><td></td><td></td><td></td><td></td><td></td><td>每公里费用</td><td></td></tr>
<tr><td></td><td></td><td></td><td></td><td></td><td></td><td></td><td></td><td>每公里汽油费用</td><td></td></tr>
<tr><td></td><td>合计</td><td></td><td>合计</td><td></td><td>合计</td><td></td><td>合计</td><td>备注</td><td></td></tr>
</table>

<table>
<tr><td rowspan="2">汽油费明细</td><td>日期</td><td>金额</td><td>经手人</td><td>日期</td><td>金额</td><td>经手人</td><td>日期</td><td>金额</td><td>经手人</td><td>日期</td><td>金额</td><td>经手人</td></tr>
<tr><td></td><td></td><td></td><td></td><td></td><td></td><td></td><td></td><td></td><td></td><td></td><td></td></tr>
</table>

经理： 会计： 填表：

图书在版编目 (CIP) 数据

企业管理必备制度与实操：全流程制度范本与高频表单 / 靳祥钰著.
—北京：中国法制出版社，2019.6
（企业人书架）
ISBN 978-7-5216-0120-6

Ⅰ.①企… Ⅱ.①靳… Ⅲ.①企业管理—手册
Ⅳ.①F272-62

中国版本图书馆 CIP 数据核字（2019）第 064855 号

责任编辑：郭会娟　　封面设计：汪要军

企业管理必备制度与实操：全流程制度范本与高频表单
QIYE GUANLI BIBEI ZHIDU YU SHICAO: QUAN LIUCHENG ZHIDU FANBEN YU GAOPIN BIAODAN

著者 / 靳祥钰
经销 / 新华书店
印刷 / 三河市国英印务有限公司
开本 / 710 毫米 ×1000 毫米　16 开　　印张 / 17.5　字数 / 247 千
版次 / 2019 年 6 月第 1 版　　2019 年 6 月第 1 次印刷

中国法制出版社出版
书号 ISBN 978-7-5216-0120-6　　定价：58.00 元

北京西单横二条 2 号　邮政编码 100031　　传真：010-66031119
网址：http://www.zgfzs.com　　编辑部电话：010-66022958
市场营销部电话：010-66017726　　邮购部电话：010-66033288
（如有印装质量问题，请与本社印务部联系调换。电话：010-66032926）